SAALBVRG

Die Römer im Taunus

Die Römer im Taunus

Herausgegeben von Matthias Kliem, Egon Schallmayer,
Wolfgang Schmidt und Alexander Wächtershäuser

SOCIETÄTSVERLAG

Von den Fotografen konnten nicht alle namentlich bzw. mit ihrer Adresse ermittelt werden.
Etwaige Ansprüche können beim Verlag geltend gemacht werden.

Gestaltung und Satz: Jutta Schneider Graphik Design, Frankfurt am Main
Druck und Verarbeitung: freiburger graphische betriebe
Printed in Germany 2005
ISBN: 3-7973-0955-4

Die besondere kulturelle Bedeutung, die das Bodendenkmal Limes für den Hochtaunuskreis hat, sowie die international herausgehobene Stellung der Saalburg als Forschungsstätte und Museum, aber auch als Fremdenverkehrsmagnet und Touristenattraktion müssen nicht mehr besonders betont werden.
Dem Römerkastell Saalburg und dem Limes ist im Hochtaunuskreis seit jeher ein besonderes kulturtouristisches Gewicht beizumessen. Die einstige römische Reichsgrenze ist ein Bodendenkmal von weltgeschichtlicher Bedeutung und die Saalburg das einzige auf diese Weise rekonstruierte Römerkastell auf deutschem Boden. Die Landesregierung hat vor diesem Hintergrund ein umfassendes Sanierungs-, Ausbau- und Rekonstruktionsprogramm in die Wege geleitet, das die Entwicklung des Kastells zu einem archäologischen Park vorsieht.
Der Hochtaunuskreis hat in der Vergangenheit, wo seine Hilfe benötigt wurde, Aktivitäten der Saalburg nach Kräften unterstützt. Dies umfasste die Hilfe bei wissenschaftlichen Erkundungsarbeiten, notwendigen Genehmigungen, bei der Logistik oder der Förderung der Öffentlichkeitsarbeit. Die Bedeutung der Saalburg als einer der wichtigsten „weichen" Standortfaktoren dokumentiert und untermauert der Hochtaunuskreis auch durch die Benennung seines Preises für Heimat- und Geschichtsforschung und die Ausrichtung seines Jahresempfangs auf der Saalburg seit vielen Jahren.
Das zentrale lokale Gemeinschaftsprojekt im Taunus ist der Limeserlebnispfad, dessen Einrichtung von der Saalburg und dem Naturpark Hochtaunus angeregt wurde. Er soll in den nächsten Jahren in Zusammenarbeit mit Gemeinden, Kreisen und Sponsoren realisiert werden.
Direkt tangiert vom Limeserlebnispfad sind die Kommunen Glashütten, Schmitten, Oberursel, Neu-Anspach, Bad Homburg, Wehrheim und Friedrichsdorf im Hochtaunuskreis sowie Friedberg und Ober-Mörlen im Wetteraukreis. Die Realisierung des Limeserlebnispfades verlangt erhebliche Anstrengungen. Denn nicht nur die Finanzierung bedarf kommunaler und privater Unterstützung. Auch bei der langfristigen Pflege der Objekte ist die Saalburg auf Hilfe angewiesen.
„Gutshöfe im Schatten des Limes", „Liebeskunst und Götterglaube", „Bauen für die Ewigkeit", „Die Toga macht den Römer"... wenn die Taunus Zeitung eine Serie zu einem heimatgeschichtlichen Thema startet, kann man sicher sein, dass das Buch zur Serie nicht lange auf sich warten lässt. So wurde auch jetzt aus der seit Januar 2005 in Zusammenarbeit mit dem Römerkastell Saalburg, zahlreichen Wissenschaftlern und Heimatforschern immer samstags erscheinenden TZ-Sonderseite „Die Römer im Taunus" ein stattlicher Band, der – wo auch sonst – im Societäts-Verlag erscheint.
Mein Dank gilt dem Societäts-Verlag, der sich erneut – genannt seien für den Hochtaunuskreis nur unser Periodikum, das „Jahrbuch", und die erfolgreiche Chronik „Das Jahrhundert im Taunus" – als großzügiger Mäzen zeigt und als ein Unternehmen, das auch Mitverantwortung bei der Gestaltung der Region übernimmt.
Ich wünsche Ihnen bei der Lektüre viel Freude und viele Anregungen, sich mit dem Themen Saalburg und Limes weiter zu beschäftigen.

Jürgen Banzer
Landrat

Der Limes im Waldgelände

Vielfältig sind die Eindrücke, die der Besucher des Limes im Taunus von den Überbleibseln der einstigen römischen Reichsgrenze empfängt. Auf weite Strecken sind Wall und Graben sowie die Erdhügel und Mauerreste der hinter der Limeslinie gelegenen Wachttürme sehr gut erhalten. Zusammen mit den im Boden erkennbaren Mauern der Kleinkastelle, der meist konservierten Grundrisse der großen Kastellbauten und dem wieder errichteten Römerkastell Saalburg geben sie beredtes Zeugnis über Aussehen, Verlauf und Bedeutung des antiken Grenzsystems in diesem Teil unseres Landes. Der Limeswanderer findet auf der Taunusstrecke entlang gut ausgebauter Wanderwege zahlreiche sorgfältig hergerichtete Plätze, die ihn – mit Informationen bestückt – zum Verweilen einladen und ihm die Möglichkeit geben, sich am authentischen Ort über die Einzelheiten des archäologischen Denkmals zu orientieren. Daneben wird er aber auch die romantische Stimmung aufnehmen, die zuweilen von einzelnen Limesanlagen ausgeht, etwa wenn sie sich unter Hochwald prächtig präsentieren oder auf idyllischer Lichtung eher unscheinbar hervortreten. Die Wanderung am Taunuslimes bietet zu jeder Jahreszeit stets neue und reizvolle Impressionen, wobei die Limesbegehung insgesamt den Aufenthalt in freier Natur mit der informativen Betrachtung verbindet und damit dem Aspekt Bildung und Erholung Rechnung trägt.

Das verdichtete Wissen um den limes imperii Romani findet sich in dem für Hessen zentralen Limesmuseum in dem wieder aufgebauten Römerkastell Saalburg. Hier werden alle Bereiche der römischen Geschichte und Archäologie mit besonderem Bezug zur Grenze des einstigen Weltreiches dargestellt und die historischen Inhalte in ausgefeilten museumspädagogischen Angeboten vermittelt. Dabei wird deutlich, dass die Beschäftigung mit dem Römischen Reich eine Welt nachzeichnen lässt, die in ihrer ideellen und funktionalen Bandbreite durchaus moderne Züge tragen konnte. So war der Limes nicht so sehr die nach dem herkömmlichen Bild undurchdringliche, waffenstarrende Grenze zur Abwehr germanischer Angriffe, sondern – wie neuere Forschungen erkennen lassen – eher eine völkerrechtlich verbindliche Demarkationslinie. Die Anlagen von zunächst der Holzpalisade und später von Wall und Graben dienten nicht dem Graben- und Stellungskrieg, sondern der Lenkung des Waren- und Menschenstromes auf ganz bestimmte Limesdurchgänge. Damit wurde der Limes zu einem – modern ausgedrückt – wirtschafts- und bevölkerungspolitischen Steuerungsinstrument, mit dessen Hilfe die römische Reichsverwaltung ökonomische und demografische Entwicklungen beeinflussen konnte. In dieser Weise „ge-schützt“ konnte sich im Reichsgebiet ein einheitlicher Währungs-, Wirtschafts-, Verwaltungs- und Rechtsraum entwickeln, der den Bestand des Reiches über Jahrhunderte hinweg sicherte. Im unmittelbaren Limeshinterland des Taunuslimes entwickelte sich eine vielfältige Besiedlungsstruktur mit städtischen Zentren und agrarisch geprägten Einzelhofsiedlungen, die durch eine effektive Infrastruktur vernetzt war. Die Taunusregion gehörte seit dem Ende des 1. Jahrhunderts nach Christus zu einer zivil verwalteten Gebietskörperschaft, der civitas Taunensium, die ihren Verwaltungsmittelpunkt und Hauptort in Nida, dem heutigen Frankfurt-Heddernheim, besaß. Als Teil der Provinz Germania superior/Obergermanien unterstand sie dem kaiserlichen Statthalter in der Provinzhauptstadt Mainz.

Die vielfältigen Aspekte der römischen Epoche der Taunusregion sind in dem vorliegenden Buch dargestellt. Es entstand aus einer Serie von Beiträgen in der Wochenendausgabe der Taunus Zeitung, die vom Römerkastell Saalburg wissenschaftlich begleitet wurde. Die nunmehr in diesem Band zusammengefassten Artikel geben einen allgemein verständlichen Überblick und gewissermaßen eine Einführung in die römische Geschichte und Kultur dieses Teils des Römischen Reiches. Zahlreiche Kolleginnen und Kollegen lassen mit ihren Arbeiten die römische Epoche in dieser Region, aber auch deren Nachwirkungen bis auf den heutigen Tag wieder lebendig werden. Allen, die an dem Werk mitgearbeitet haben, sei im Namen der Herausgeber daher an dieser Stelle ein herzliches Wort des Dankes gesagt. Besonderer Dank gilt Frau Ingrid Berg, Glashütten, für die redaktionelle Begleitung sowie letztlich der Frankfurter Societäts-Druckerei für die Realisierung des Gesamtunternehmens in Zeitungs- und Buchform.

Egon Schallmayer

Wie schützt man eine Provinz?

Als sich die Römer gegen Ende des 1. Jahrhunderts nach Christus anschickten, die rechts des Rheins eroberten germanischen Gebiete in eine Provinz umzuwandeln und deren Grenze zu sichern, hatten sie bereits über mehrere Jahrhunderte hinweg Erfahrungen mit den nördlichen Nachbarn ihres Imperiums, den Germanen, gesammelt. Zeitlich schon lange zurückliegend, aber immer noch in schmerzlicher Erinnerung, waren die Auseinandersetzungen mit den Kimbern und Teutonen gegen Ende des 2. Jahrhunderts vor Christus. Lange noch dachte man in Rom mit Schaudern an den „furor Teutonicus“, den Germanensturm, der Angst und Schrecken verbreitet hatte.

Den Einfällen germanischer Scharen über den Rhein in die gallische Provinz versuchte schließlich Kaiser Augustus in den Jahren um Christi Geburt zu begegnen, indem er Anstrengungen unternahm, den gesamtgermanischen Raum östlich des Rheins zu erobern. Diese Absicht, obgleich sie zunächst sehr erfolgreich verlief, schlug aber letztlich fehl. Kaiser Tiberius gab schließlich die germanischen Eroberungspläne im Jahre 17 nach Christus auf. Erreicht war zu diesem Zeitpunkt lediglich die Stabilisierung der Rheingrenze und die Sicherung des Voralpenlandes.

Erst unter Kaiser Claudius (41–54 nach Christus) unternahm Rom wieder einen ersten Schritt zur Besetzung rechtsrheinischer Gebiete. Im Vorfeld von Mainz entstand mit der Anlage von Truppenlagern in Mainz-Kastel, Wiesbaden und Hofheim am Taunus ein Brückenkopf. Vom Oberrhein aus wurde eine Straße ausgebaut, die bis zur oberen Donau führte.

Als es im Jahre 68 nach Christus zu einem Aufstand germanischer Stämme am Niederrhein kam, sah sich Rom gezwungen, die Verhältnisse an der Rheinlinie neu zu ordnen. Kaiser Vespasian ließ Anfang der 70er Jahre das Gebiet zwischen Taunus und Wetterau im Norden, dem Main und Neckar im Osten und dem Rheinknie und Südschwarzwald im Süden besetzen. Endlich war es möglich, durch die Schaffung von Straßenverbindungen im Bedarfsfall die Truppen von der Rhein- zur Donaufront schneller verlegen zu können. Durch die Straßenbauten konnte das rechtsrheinische Gebiet besetzt und erschlossen werden. Die Römerstraßen wurden mit Kastellen versehen und gesichert.

Offenbar war die neue Eroberung aber weiterhin durch die Chatten im Norden bedroht, was dazu führte, dass Kaiser Domitian (81–96 nach Christus) in den Jahren 83–85 nach Christus einen Krieg vom Zaun brach. Die ältere Forschung nahm an, dass im Zusammenhang mit dem Chattenkrieg Domitians die Einrichtung der ersten Anlagen am Limes erfolgte. Neuerdings zweifelt man aber daran. Vielmehr scheint es, als sei dieser Kaiser nicht über das, was sein Vater Vespasian erreicht hatte, hinausgekommen. Dennoch rief er um das Jahr 85 nach Christus die bisher als Heereskommandobezirke organisierten Gebiete am Nieder- und Oberrhein offiziell zu den Provinzen Germania inferior und Germania superior (Nieder- und Obergermanien) aus. Lediglich die Gebildeten in Rom wussten, dass die germanischen Provinzen nicht das Gebiet bis zur Elbe umfassten, das noch Augustus bei seinen Eroberungen im Auge hatte, sondern lediglich einen schmalen Landstreifen rechts des Rheins.

Der Limes als Staatsgrenze

Zur Sicherung der neuen Provinz könnte aber bereits Domitian die erste Ausbaumaßnahme an der späteren Grenzlinie veranlasst haben, nämlich die Anlage von limites, Schneisen in den Wäldern, auf denen Patrouillenwege angelegt wurden, die in gewissen Abständen von Holztürmen aus überwacht werden konnten. Der Begriff limes dürfte dabei noch im eigentlichen Wortsinn verwendet worden sein, der zunächst lediglich eine Schneise, einen Feldrain oder einen gebahnten Weg meint. Aber nicht mehr lange, und er erhielt den Bedeutungsinhalt Grenze. Zwischen 96 und 98 nach

1. Wachttürme aus Holz entlang eines Patrouillenweges: So muss man sich die erste Ausbauphase des Limes zum Ende des 1. Jahrhunderts nach Christus vorstellen.

2. Die Wachttürme sind geblieben. Hinzu kam in der zweiten Phase um 120 nach Christus die Palisade aus Holz.

3. 145/146 nach Christus setzt die dritte Ausbauphase ein. Wachttürme aus Stein ersetzen die baufälligen Holztürme.

4. Wachttürme aus Stein sowie die Anlage von Wall und Graben bildeten Ende des 2. Jahrhunderts die letzte Ausbaustufe des obergermanischen Limes.

Christus wirkte Marcus Ulpius Traianus als Statthalter am Rhein. Ihm ist die Einrichtung des Limes als Grenze, und zwar in der Form einer völkerrechtlich verbindlichen Staatsgrenze, zu verdanken. Trajan zog die bis dahin vor allem in Nähe der Legionen stehenden Hilfstruppen, die Kavallerie- (alae) und Infanterieeinheiten (cohortes und numeri) aus dem rückwärtigen Raum ab und verlegte sie in die neu geschaffenen Garnisonslager, die Limeskastelle, unmittelbar an die Grenzlinie. Es ist möglich, dass Trajan, zwischen 98 und 117 nach Christus römischer Kaiser, bereits eine erste Grenzmarkierung durch die Vermessungseinheiten seiner Truppen ausstecken ließ, aber erst von seinem Nachfolger, Kaiser Hadrian (117–138 nach Christus), wird berichtet, dass er überall dort, wo die Grenze nicht von natürlichen Hindernissen wie etwa Flussläufen gebildet wurde, diese durch eine Pfahlreihe markieren ließ. Nur zwanzig Jahre später gab Kaiser Antoninus Pius (131–161 nach Christus) den Befehl, die Holztürme durch Steinbauten zu ersetzen. Vor allem an den Türmen des Odenwald-Limes lässt sich diese Maßnahme durch Inschriften exakt datieren. Am Odenwald-Limes wurden demnach die Steintürme in den Jahren 145/146 nach Christus erbaut und dadurch die dritte Ausbaustufe des Limes erreicht. Kaum hatte man aber die neuen Bauten ausgeführt, als sich die römische Provinzialverwaltung dazu entschloss, die Limeslinie im Odenwald und entlang des Neckars aufzugeben und eine neue Grenzlinie weiter im Osten anzulegen. Die neue Linie führte über annähernd 80 Kilometer schnurgerade durch das Gelände, was eine Meisterleistung der römischen Vermessungsingenieure darstellt. Dort, wo sie das natürliche Annäherungshindernis des Mains verließ, wurde sie in Form der Holzpalisade markiert.

An einer Stelle unmittelbar am Übergang des obergermanischen zum raetischen Limes sowie einer weiteren am raetischen Limes ließen sich auch von dieser jüngeren Limespalisade Holzreste finden. Diese konnten in die Jahre 163/164 und 165/166 nach Christus datiert werden. Hinter der Limespalisade verlief der Patrouillenweg, an dem in mehr oder weniger regelmäßigen Abständen Wachttürme standen, die jetzt als Steinbauten ausgeführt wurden. Für die Vorverlegung des Limes scheint es mehrere Gründe gegeben zu haben. Zum einen dürfte schon vorher ein Einfluss Roms auf das neu in die Provinz eingegliederte Areal bestanden haben, sodass es sinnvoll erschien, mit diesen Gebieten die Provinz gleichsam zu arrondieren. Wichtig war sicherlich auch, dass die Wasserstraßen des Neckars und Mains vollständig in das Provinzgebiet eingegliedert oder wenigstens

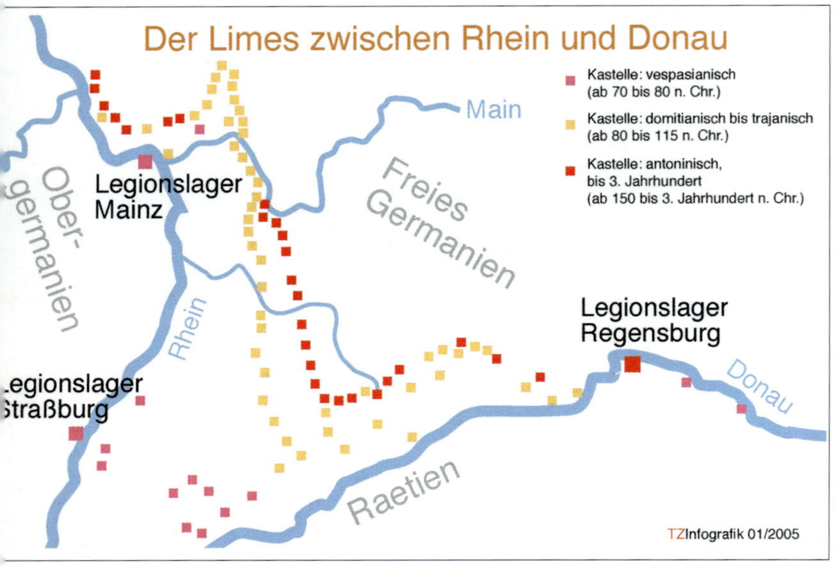

Der Limes sollte die rechtsrheinischen Provinzen des Römischen Reiches schützen. Die Grenzanlage erstreckte sich von der Donau bis an den Rhein.

noch ein längeres Stück von römischen Truppenkastellen aus überwacht werden konnten. Vermutlich spielten sogar ökologische Gründe eine Rolle. Der enorme Holzverbrauch, zu dem die Besetzung und der infrastrukturelle Ausbau des Limeshinterlandes geführt hatten, dürfte zu einer Verknappung dieses Rohstoffes geführt haben. So hat man die Gebietserweiterung wohl auch deshalb durchgeführt, um mit dem Gebietsgewinn näher an Holzreserven in Odenwald, Spessart, dem Löwensteiner Bergland und dem Welzheimer Wald zu gelangen. Dadurch konnte in den Jahren 164/165 noch ein Mal eine Palisade an der neuen, vorderen Limeslinie angelegt werden. Sie wurde später aber nicht mehr erneuert. Vielmehr dachte man sich als Ersatz des Grenzzaunes ein anderes System aus. Wohl nach den Markomannenkriegen, die Kaiser Mark Aurel (161–180 nach Christus) führen musste, ersetzten die Römer in Obergermanien die auf weite Strecken schadhaft gewordene Palisade durch die Anlage von Graben und Wall.

In der Nachbarprovinz Raetien schufen sie als Ersatz die Raetische Mauer. Diese Maßnahmen werfen ein bezeichnendes Licht auf die Funktion des Limes überhaupt. Es kam offenbar nicht so sehr darauf an, ein Verteidigungssystem zu schaffen, das feindlichen Angriffen längere Zeit standhalten konnte. Vielmehr stand die Markierung der Provinz- und damit der Reichsgrenze im Vordergrund. Menschen, die vor der Grenze lebten, befanden sich außerhalb des Imperium Romanum und waren Barbaren, die hinter ihr siedelten, waren römische Provinzbewohner. Dadurch, dass früher die Palisade, jetzt Wall und Graben, beziehungsweise die Raetische Mauer nur an bestimmten Stellen Grenzübergänge besaßen, ließen sich zudem Menschen- und Warenbewegungen in das Reichsgebiet oder von diesem hinaus nach Germanien kontrollieren. Rom verfügte damit bereits an der Grenze über ein bevölkerungs- und wirtschaftspolitisches Steuerungsinstrument.

In Zeiten der Überbevölkerung war es so möglich, ankommende germanische Neusiedler abzuweisen. Nach den Markomannenkriegen, die von einer verheerenden Pestepidemie begleitet wurde, dürfte es aber auch wichtig gewesen sein, germanische Neusiedler ins Land zu lassen. Auch die Warenströme mussten kontrolliert werden, denn ein zu starker Export konnte zum Abfluss wichtiger Güter und zur Schwächung des Binnenmarktes führen, während unkontrolliert in die Provinz eingeführte Waren und Rohstoffe das Preisgefüge im Limeshinterland durcheinander bringen konnten. Durch die Erhebung von Zöllen und Steuern ließ sich hier ein wirtschaftspolitischer Ausgleich erreichen. Daneben galt es zu vermeiden, dass Waffen illegal ausgeführt wurden, die sich dann gegen Rom selbst richten konnten.

Alles in allem erscheint damit der Limes trotz seines militärischen Erscheinungsbildes eher als eine Landesgrenze in einem modernen Sinne. Dennoch kamen auf ihn, besonders auf die an der Grenzlinie stationierten Truppen im 3. Jahrhundert nach Christus zunehmend militärische Aufgaben zu. Kaiser Caracalla (212–217 nach Christus) musste zum ersten Mal im Jahr 213 einen Feldzug gegen die Alamannen, einen germanischen Stammesverbund, unternehmen, die nahezu alljährlich in das Provinzgebiet einfielen und das Limeshinterland plündernd durchzogen. Caracalla gelang es, die Ruhe für einige Zeit wiederherzustellen. Dennoch wurden die Zeiten unruhiger.

Auch die Lage im Reich selbst wurde instabil, denn es kam immer wieder zu Streitigkeiten zwischen verschiedenen Thronprätendenten. Diese wirren Zeiten gelten allgemein mit als Grund für den Niedergang der römischen Herrschaft rechts des Rheins. Rom führte zudem einen Krieg an mehreren Fronten, von denen die in Germanien und in Persien die meisten Kräfte bündelten. Als der römische Kaiser Valerian im Jahr 260 nach Christus in persische Gefangenschaft geriet und darin umkam, sah sich sein Sohn und Mitregent Gallienus veranlasst, die Truppen am Limes in Obergermanien abzuziehen und die Grenzlinie zumindest in einer physischen Weise aufzugeben. Zwar hielt Rom bis zum Untergang des Weströmischen Reiches 475 nach Christus den Anspruch aufrecht, die Gebiete rechts des Rheins seien römisches Reichsland. De facto war dieser Anspruch aber nur noch für kurze Phasen durchzusetzen. Seit 260 nach Christus standen die römischen Truppen wieder am Rhein. Der Fluss war wieder zur Grenzlinie geworden.

Egon Schallmayer

Jupitersäule bei der Saalburg

Markttag auf dem Forum in Nida, dem Verwaltungsmittelpunkt der Civitas Taunensium.

Stadtgemeinde der Taunenser

Unter der Herrschaft Kaiser Trajans (98 bis 117 nach Christus) konnte der römische Statthalter (legatus Augusti pro praetore) in der Hauptstadt Mainz darangehen, die Verwaltungsstrukturen der rechtsrheinischen Gebiete der Provinz Obergermanien festzulegen. Die Regionen waren zu diesem Zeitpunkt „befriedet“, Truppen konnten abgezogen werden, und eine mit Wachttürmen besetzte und durch Kastelle gesicherte Schneise (limes) markierte die Grenze zu den inzwischen friedlich gestimmten Germanenstämmen. Da man im Taunusvorland und der Wetterau auf keine gewachsenen Bevölkerungsstrukturen zurückgreifen konnte, musste dort eine Verwaltungseinheit (civitas) künstlich geschaffen werden.

Die Grenzen der Civitas Taunensium waren durch den nach Norden ausgreifenden Limesbogen, im Süden durch den Main und im Westen wahrscheinlich durch den Schwarzbach vorgegeben. Entlang des Limes verlief in der Wetterau ein zirka 2 Kilometer breiter Streifen, den sich die Militärverwaltung vorbehielt. Südlich schloss sich die benachbarte Civitas Auderiensium und im Westen die Civitas Mattiacorum mit dem Hauptort Aquae Mattiacorum (Wiesbaden) an.

Stadt und Land bildeten bei den Gemeinden eine gleichberechtigte, aufeinander bezogene und voneinander abhängige Verwaltungseinheit. Das Territorium war Staatsbesitz und konnte von Provinzbewohnern, die nicht im Besitz des römischen Bürgerrechts waren (incolae), nur gepachtet werden, denn Grundbesitz war römischen Bürgern vorbehalten. Zu diesen zählten in einer grenznahen Civitas viele Veteranen der in den

Grenzkastellen stationierten Hilfstruppen, denen man nach ihrer Entlassung aus der römischen Armee das Bürgerrecht verlieh und auch Landlose zuteilte.

Mittelpunkt (caput civitatis) der Civitas Taunensium wurde Nida. Im Norden des heutigen Frankfurts (Heddernheim) gelegen, entwickelte sich am Flüsschen Nidda aus dem Lagerdorf eines Kastells ab 105/110 nach Christus eine Kleinstadt mit Zentralfunktion. Hier nahm die Verwaltung ihren Sitz, konzentrierten sich die Heiligtümer, Händler konnten ihre Waren und Bauern ihr Getreide, Gemüse und Früchte anbieten. Ärzte eröffneten eine Praxis und Rechtsberater ein Büro. Die Stadt stellte so die notwendigen Dienstleistungen (und Vergnügungen aller Art in den Wirtshäusern) auch für die ländlichen Bewohner der Gemeinde bereit, während das Umland für die Verpflegung sorgte. Vor allem mussten die über 8000 Soldaten an der Grenze und im Hinterland versorgt werden.

Am Flüsschen Nidda entwickelte sich aus dem Lagerdorf eines Kastells eine Kleinstadt mit Zentralfunktion.

Aus der Civitas Taunensium sind uns ein Bürgermeister und eine ganze Reihe von Stadträten namentlich durch Inschriften bekannt. So ließ Caius Sedatius Stephanus zusammen mit seiner Familie im Jahr 240 in Nida eine Jupitersäule zum zweiten Mal errichten; interessant ist dabei, dass sein Sohn Stephanus Maximus ebenfalls als Dekurio erwähnt wird. Vergleichbare Weihinschriften enthalten nicht selten den Zusatz „auf eigenem Grund und Boden errichtet“, was auf einen Wohnsitz im Hauptort hinweist. Der eigentliche Wohnort wird jedoch auf dem Land inmitten des ausgedehnten Gutsbetriebs zu suchen sein.

Das Versammlungslokal des Stadtrats (curia) stand wie die Markthalle (basilica), in der auch Recht gesprochen werden konnte, ebenfalls im Hauptort der Civitas. Zwar konnten diese öffentlichen Gebäude in Nida noch nicht nachgewiesen werden, aber man wird sie zur Randbebauung des ausgedehnten zentralen Marktplatzes (forum) zählen können, der das Stadtzentrum einnahm. Nicht zu unterschätzen war auch die Bedeutung der ausgedehnten Badeanlagen (thermae), von denen in Nida zwei komplett freigelegt werden konnten. Sie standen im Mittelpunkt des öffentlichen Lebens. Für den reibungslosen Ablauf der Verwaltung standen den hohen Beamten einige Amtsdiener zur Verfügung, und für die Sicherheit auf den Straßen und den ordnungsgemäßen Handel auf den Märkten sorgten vom Militär abkommandierte Truppenteile (beneficiarii). Eine wichtige soziale Rolle spielten innerhalb der Gemeinde die verschiedenen Kultgemeinschaften (curia) und die Zusammenschlüsse von Berufsgruppen (collegia). Von lokaler Bedeutung waren kleine Ortschaften (vici) wie Heldenbergen, denen ebenfalls das Marktrecht (ius nundinarum) verliehen werden konnte. Zusammen mit den umliegenden Gehöften (villae rusticae), die in dichter Reihung das Bild der Landschaft in der Wetterau prägten, waren sie zum Teil zu kleineren Bezirken (pagi) zusammengefasst, denen ein gewählter Magister vorstand.

Die Lebensadern der Gemeinde bildete ein enges Straßen- und Wegenetz, das die Truppen nach der Eroberung und Inbesitznahme des Landes eingemessen und angelegt hatten. Dazu kamen noch die – billigeren – Wasserstraßen wie der Main aber auch die Nidda, die wahrscheinlich bis Ober-Florstadt zumindest mit flachen Kähnen befahrbar war. Nida verfügte über eine Hafenanlage, die für die Infrastruktur der Civitas sicher von einiger Bedeutung war, da man von hier Güter aus den Agrarbetrieben die Nidda abwärts über den Main bis nach Mainz verschiffen konnte.

Die Verkehrswege, Rechtssicherheit und ein funktionierendes Währungssystem verbunden mit einer weitgehend gesicherten Mobilität der in Wirtschaft und Handel Tätigen waren die Grundlage für eine blühende Entwicklung auch in den grenznahen Gebieten des Römischen Reiches. Der dabei erworbene Reichtum der „oberen Zehntausend“ und das relative Wohlergehen breiterer Schichten wird zu einer starken Identitätsbildung innerhalb einer Verwaltungseinheit wie der Civitas Taunensium mit beigetragen haben.

Ursprünglich zusammengewürfelt aus ortsansässigen, kelto-germanischen Bevölkerungsresten, Zuwanderern aus Gallien und vereinzelt auch aus dem „Freien Germanien“, ständig ergänzt durch Veteranen der internationalen Kastellbesatzungen am Limes, musste sich in der Stadtgemeinde erst ein eigenes Gruppenbewusstsein bilden. Dieses war dann auch Basis für ein funktionierendes Zusammenleben. So ließ die stolze Bürgerschaft, möglicherweise unterstützt mit Zuschüssen aus der kaiserlichen Kasse, zu Beginn des 3. Jahrhunderts eine mächtige Stadtmauer errichten. Mit den Stiftungen von Statuen

Die Civitas Taunensium im 2. und 3. Jahrhundert: Im Norden und Osten wurde sie vom Limes, im Süden durch den Main begrenzt; im Westen trennte der Schwarzbach die Civitas von der Civitas Mattiacorum. Der Schwarzbach floss westlich am Feldbergkastell vorbei in Richtung des heutigen Hofheims.

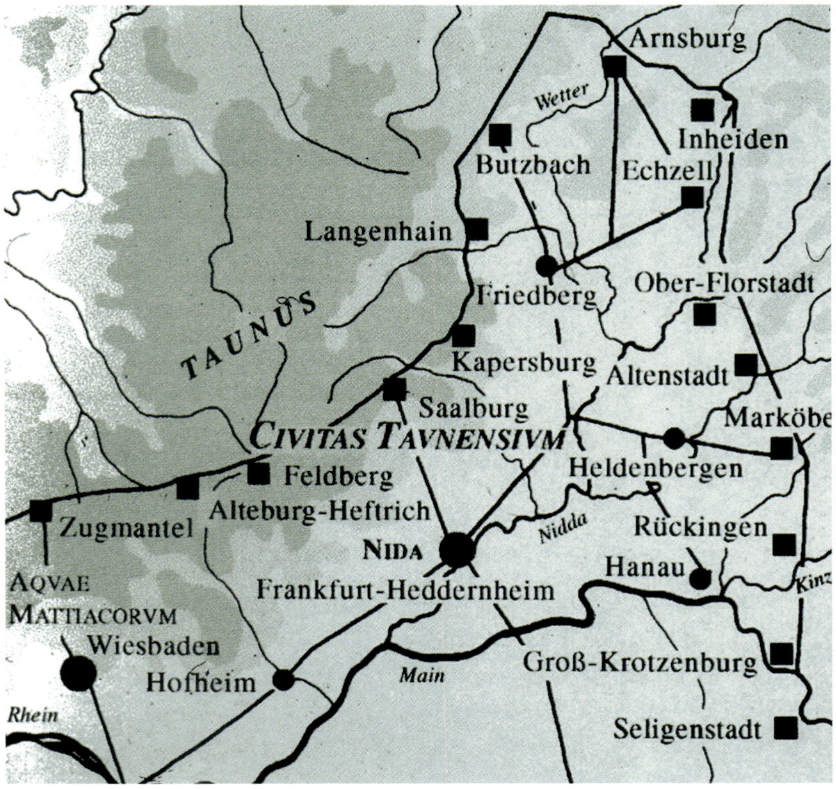

und Inschriften im öffentlichen Raum konnte auch das Selbstdarstellungsbedürfnis erfolgreicher Familien gestillt werden, die der eigenen Gemeinde, aber auch Gästen zeigen konnten, dass sie und die gesamte Civitas es zu etwas gebracht hatten. Dass Merkur, der Gott des Handels, die meistgenannte und -dargestellte Gottheit war, nimmt deshalb nicht wunder. Als Schutzpatron wählten sich viele Jupiter, den höchsten römischen Gott, dem sich auch eine heterogen zusammengesetzte Bevölkerung anvertrauen konnte.

Die Civitas, eingerichtet nach den Regeln der römischen Verwaltung, war damit in den Provinzen der Kern eines funktionierenden Staatswesens. Erst die Reichskrise des 3. Jahrhunderts stellte diese Strukturen in Frage. Der Druck auf die Stadträte und Wahlbeamten, sich an den Ausgaben der Gemeinden zu beteiligen, nahm ständig zu. Die Führungsschicht zog sich nach und nach aus dem politischen Leben zurück. Als nach der Mitte des Jahrhunderts das rechtsrheinische Gebiet von Rom wieder aufgegeben wurde, erloschen hier auch die Civitates.

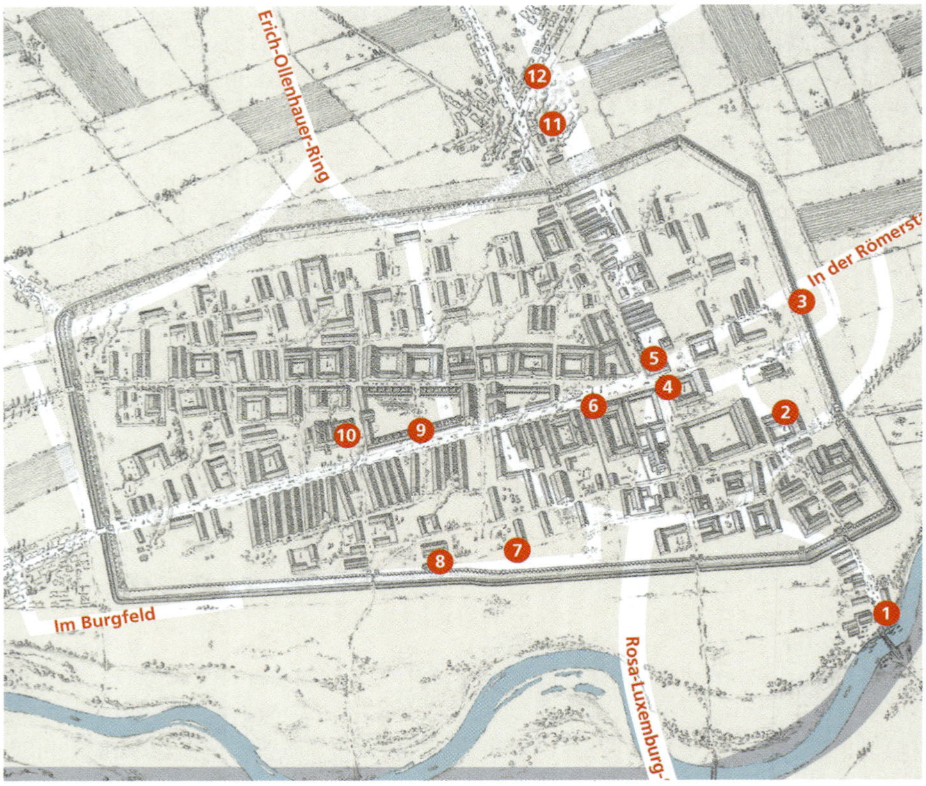

Ein archäologischer Rundweg führt heute zu den Spuren Nidas. Allerdings wurde durch den Bau der Römerstadt und Nordweststadt das Bodenarchiv fast völlig zerstört, oberirdisch ist von Nidas Vergangenheit fast nichts mehr zu erkennen. Zur besseren Orientierung ist ein moderner Straßenplan unterlegt.
1. Hafen, 2. Kastell, 3. Stadtmauer, 4. + 5. Ehrenbogen zur Stadtgründung, 6. Praetorium, 7. Theater, 8. Mithräum, 9. Forum, 10. Therme, 11. Töpferöfen, 12. Gräber

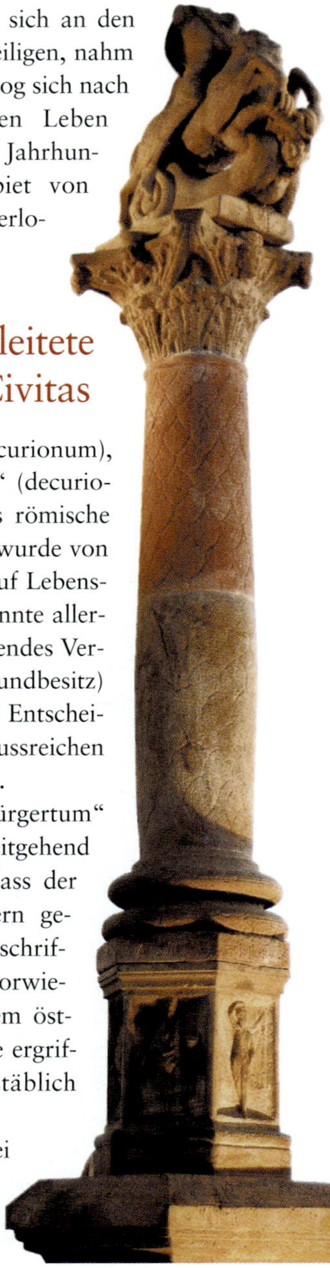

Als Ausdruck des Selbstbewusstseins und des Wohlstands der Bewohner wurden oftmals Statuen gestiftet. Hier konnten die Familien im öffentlichen Raum zeigen, dass sie es zu etwas gebracht hatten. Die nebenstehende Jupitersäule, die heute im Archäologischen Museum Frankfurt zu sehen ist, wurde von der Familie des Stadtrates Stephanus gestiftet.

Ein Beamtenapparat leitete die Verwaltung der Civitas

In Nida tagte der Rat (ordo decurionum), der sich aus 100 „Stadträten" (decuriones) zusammensetzte, die das römische Bürgerrecht besaßen. Dieser Rat wurde von der Versammlung freier Bürger auf Lebenszeit gewählt. Gewählt werden konnte allerdings nur, wer über ein entsprechendes Vermögen (100000 Sesterzen und Grundbesitz) verfügte, sodass „demokratische" Entscheidungen ausschließlich von einflussreichen Grundbesitzern getroffen wurden.

Da ein einheimisches „Besitzbürgertum" beim Einmarsch der Römer weitgehend fehlte, müssen wir annehmen, dass der Rat zu Beginn von Zuwanderern geprägt war. Wie die Namen auf Inschriften verraten, waren es offenbar vorwiegend Gallier aus Belgien und dem östlichen Frankreich, die die Chance ergriffen, im Taunusvorland buchstäblich Neuland zu betreten.

Der Rat bestimmte jährlich zwei Bürgermeister (duoviri) – ein sich gegenseitig kontrollierendes Zweimänner-Kollegium –, ferner zwei Kämmerer (quaestores) und zwei aediles, die für die Sicherheit, die Abhaltung von Märkten, die Instandhaltung der Straßen und für die stattfindenden Spiele verantwortlich waren. Besonders ehrenvoll war es, zu einem der beiden duoviri quinquennales ernannt zu werden, die alle fünf Jahre den census festlegten. Dabei handelte es sich um eine Volks- und Vermögenszählung, die auch für die Festlegung der Steuern von großer Bedeutung war. Das Grundeigentum war in einem Kataster erfasst, dem eine exakte Landvermessung zu Grunde lag. Der Amtszusatz „iure dicundo" der beiden duoviri weist auf ihre Funktion als Richter bei kleineren Vergehen hin. Die Bürgermeister waren auch für das Steueraufkommen verantwortlich, das an die Provinzverwaltung zu entrichten war. Daneben erwartete die Bürgerschaft auch Stiftungen der Wahlbeamten, mit denen öffentliche Einrichtungen wie Theater und Bäder errichtet oder renoviert werden konnten. Dafür erhielten die Bürgermeister und ihre Kollegen nach Ablauf ihrer Wahlperiode auch das ersehnte römische Bürgerrecht, das ihnen eine weitgehende Steuerfreiheit versprach und Grundbesitz ermöglichte. Zudem konnten sie jetzt auch in den Rat gewählt werden. Schließlich war das hohe Ansehen, das diese Beamten in ihrer Gemeinde genossen, sicher ein Anreiz, sich für die zeit- und geldaufwändigen Posten zur Verfügung zu stellen. Peter Fasold

Der Taunus mit dem Großen Feldberg, hier mit der Burg Reifenberg im Vordergrund, gehört zu den schönsten deutschen Mittelgebirgen. Ob das Gebirge tatsächlich jener Taunus ist, den Tacitus einst erwähnte, war lange Zeit umstritten, denn im Mittelalter wurde die Bergkette nur als „Die Höhe“ bezeichnet. Erst allmählich, ab dem 18. Jahrhundert, taucht der Name Taunus wieder auf und setzt sich im 19. Jahrhundert dann durch.

Gesucht: Der mons Taunus

Der Höhenzug mit der latinisierten Bezeichnung Taunus bildet geologisch gesehen den südöstlichen Eckpfeiler des Rheinischen Schiefergebirges. Geographisch betrachtet, wird das Mittelgebirge im Norden von der Lahn, im Westen vom Mittelrheintal, im Süden vom Main und im Osten von der Wetterau begrenzt.

Nach derzeitigem Wissensstand setzt die Überlieferungsgeschichte des Wortes Taunus ein mit dem römischen Geographen Pomponius Mela, der in seiner um 43/44 nach Christus verfassten Schrift „De Choreographia“ einen Berg dieses Namens als eine der höchsten Erhebungen Germaniens bezeichnet. Gut siebzig Jahre später erwähnt der römische Historiker Publius Cornelius Tacitus im Zuge der Schilderung der Feldzüge des Drusus, Tiberius und Germanicus gegen rechtsrheinische Germanenstämme (12 vor Christus bis 16 nach Christus) zwei Mal einen mons Taunus. Unter anderem berichtet er von einem „castellum in monte Tauno“, also von einem Kastell, das im oder auf dem Taunus errichtet worden sei. Die vierte und zugleich letzte Nennung des Taunus in den Quellen des Altertums findet sich in einem geographischen Werk des Naturwissenschaftlers Claudius Ptolemaios (um 100 bis etwa 170 nach Christus), der

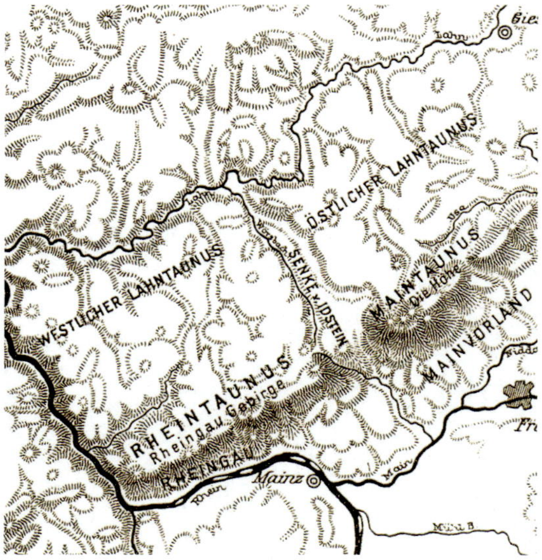

Die Idsteiner Senke „teilt" den Taunus. Westlich davon liegt der Heirich oder das Rheingaugebirge, östlich der Maintaunus beziehungsweise die Höhe. Erst im 19. Jahrhundert erhielt das gesamte Mittelgebirge den Namen Taunus (oben).
Die links und rechts abgebildeten historischen Karten belegen das Nebeneinander der deutschen und der latinisierten Form des Namens Taunus. Auf der „Wetterau"-Karte aus dem Jahr 1710 von Stridbeck und Stetter (links) wird das Gebiet von Bleidenstadt bis Wehrheim als „Die Ho(e)he vel (oder) Taunus Mons" bezeichnet. In der Karte der Grafschaft Hanau von Broenner (rechts) aus dem Jahr 1762 umfasst das Gebiet den Bereich zwischen Oberems und dem heutigen Hof Hasselhecke. Beide Original-Karten liegen in der Berliner Staatsbibliothek.

darin eine sonst nicht näher beschriebene Siedlung mit Namen Artaunon anführt, die im Bereich der Wetterau zu suchen ist.

Während diese wenigen schriftlichen Zeugnisse der antiken Autoren keine sicheren Anhaltspunkte für die Lokalisierung des „castellum in monte Tauno" bieten, belegen Inschriftenfunde aus dem Frankfurter Stadtteil Heddernheim zweifelsfrei, dass sich dort das Verwaltungszentrum einer römischen civitas, der so genannten civitas Taunensium, befand. Hierbei handelte es sich um eine Selbstverwaltungskörperschaft von der Größe eines modernen Landkreises oder Regierungsbezirks, deren Hauptort Nida – so der alte Name – nach dem Muster römischer Städte organisiert war, ohne allerdings das volle römische Stadtrecht zu besitzen. Wenn es richtig ist, dass besagte civitas nach einem innerhalb ihrer Grenzen gelegenen mons Taunus benannt wurde, dürfen wir den historischen Taunus mit der heutigen Mittelgebirgslandschaft gleichsetzen.

Schon bald nach dem Auseinanderbrechen des römischen Weltreichs erlahmte das Interesse an den antiken Autoren, sodass ihre Werke in Vergessenheit gerieten und auch das darin enthaltene Wissen verloren ging. Es sollten Jahrhunderte verstreichen, ehe das verschüttete Schriftgut im 14. und 15. Jahrhundert durch das Auftreten des Humanismus, dessen Anhänger es sich zur Aufgabe gemacht hatten, das antike Bildungsgut mit neuem Leben zu erfüllen, wieder entdeckt wurde. Die intensive Beschäftigung mit den antiken Schriften fand in ungezählten Editionen klassischer Texte ihren Ausdruck, deren Verbreitung durch den Buchdruck ungeahnte Dimensionen annahm. Mit der Wiederentdeckung der erdbeschreibenden und geschichtlichen Schriften der Antike und des in ihnen überlieferten Namenmaterials gaben die Humanisten den Wissenschaftlern späterer Epochen die für die Erforschung geographischer Räume oder geschichtlicher Ereignisse unverzichtbaren Grundlagen – nämlich schriftliche Quellen – in die Hand.

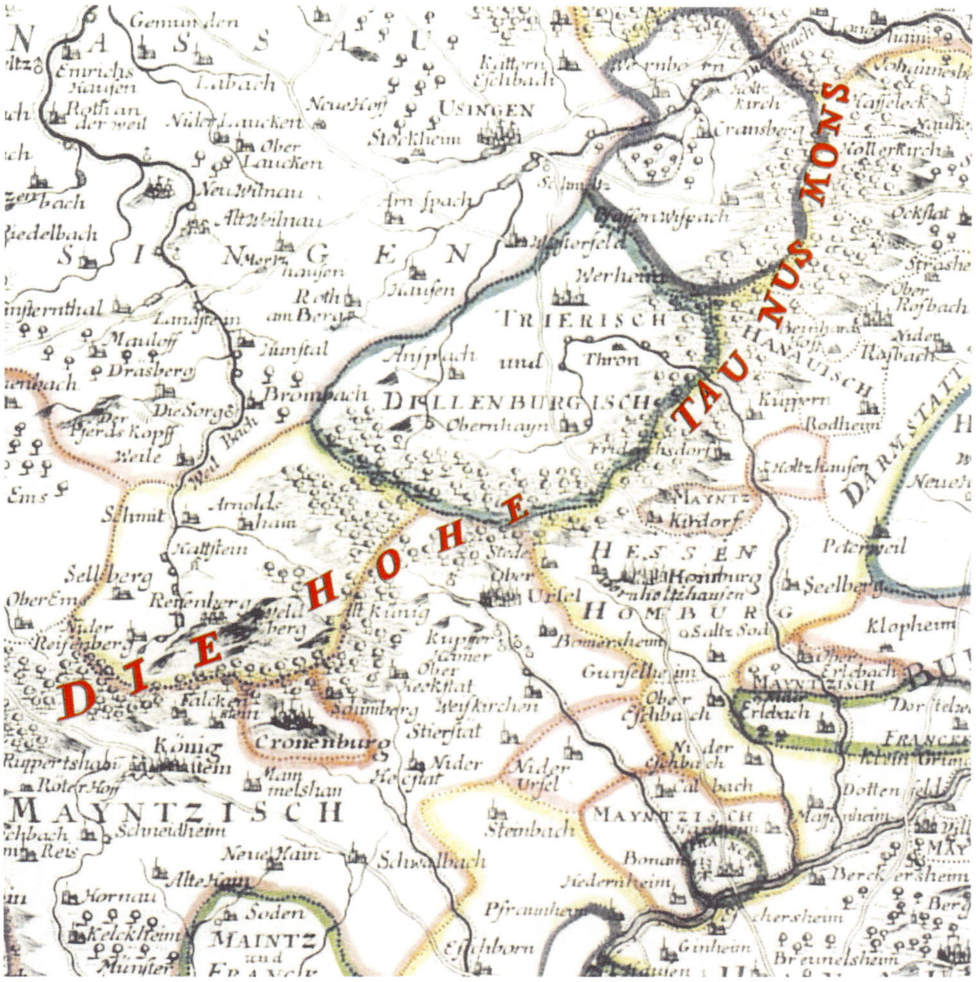

Taunus, Höhe oder vielleicht doch Heirich?

Wenn wir heute unter dem Taunus ganz selbstverständlich das Gebirgsland zwischen Lahn, Wetterau, Rhein und Main verstehen, so darf nicht außer Acht gelassen werden, dass sich dieser Name erst um die Mitte des 19. Jahrhunderts durchsetzte und die bis dahin gebräuchlichen Bezeichnungen Höhe, Höhegebirge und Heirich verdrängte.

Diese in den mittelalterlichen und frühneuzeitlichen Quellen zu findenden Begriffe kennzeichneten fest umrissene Teilgebiete des Gebirges, einen früheren Namen für den Taunus in seiner gesamten Ausdehnung hat es offenbar nicht gegeben. Vereinfacht ausgedrückt, umschloss die Höhe den östlichen, der Heirich den westlichen Teil des heutigen Taunusgebirges, wobei die Grenze entlang der Idsteiner Senke verlief. Vom späten 16. Jahrhundert an treten die Namen verstärkt in verschiedenen schriftstellerischen und kartographischen Werken auf, deren Autoren zwar auf die römische Vergangenheit des Namens Taunus verweisen, bei der Beschreibung des Gebirges aber durchweg auf die volkstümlichen Begriffe zurückgreifen. Im Jahr 1605 publizierte der Geograph und Kartograph Wilhelm Dilich mit seiner „Hessischen Chronica" das erste Handbuch der hessischen Geschichte und Landeskunde, worin der gesamte Gebirgszug vom Rhein bei Lorch bis zur Wetterau als Höhe bezeichnet wird.

Während der Frankfurter Kupferstecher und Radierer Matthäus Merian diese Auffassung in der 1646 erschienenen „Topographia Hassiae" noch nahezu textgleich übernahm, setzte der Schriftsteller Johann Just Winckelmann in seiner 1697 unter dem Titel „Gründliche und Wahrhafte Beschreibung der Fürstentümer Hessen und Hersfeld" herausgegebenen hessischen Chronik die Höhe in ihrer ganzen Ausdehnung mit dem Feldberg gleich.

In der Literatur findet sich vielfach der Hinweis, der Diplomat und Goethe-Freund Johann Isaak von Gerning (1767–1837) habe durch konsequente Verwendung des Wortes Taunus in seinen heimatbezogenen Schriften als Erster gezielt versucht, die latinisierte Form des Gebirgsnamens populär zu machen. Diese Auffassung blieb lange Zeit unwidersprochen, bis Heinrich Jacobi (1866–1946) im Jahr 1932 ein bis dahin unbekanntes Gedicht des Landgrafen

Nehmen wir den Taunus: Erst als der alte, verschollene Gebirgsname wieder auftauchte, trat auch die Frage auf, wo sich die bei Tacitus beschriebenen Geschehnisse abgespielt hatten. Anhand seiner Angaben, das im Taunus angelegte Kastell sei im Verlauf der römischen Feldzüge gegen die Chatten unter Drusus erbaut und einige Jahre später von seinem Sohn Germanicus an gleicher Stelle neu errichtet worden, suchten seit dem 17. Jahrhundert zahlreiche Forscher aus verschiedenen Fachrichtungen den mons Taunus in der Nähe des Mittelrheins beziehungsweise in dem Bereich zwischen Wiesbaden und Friedberg. Entsprechend weit gingen die Ansichten der Gelehrten auseinander. Manche vermuteten ihn beim pfälzischen Donnersberg, andere in den Bergen gegenüber von Mainz, wieder andere glaubten, die Kastelle der beiden römischen Feldherren in alten Mauerresten und Wallgräben auf dem Dünsberg bei Gießen gefunden zu haben. Im Jahr 1940 schien dann dem Friedberger Heimatforscher Hermann Roth (1909–1988) der entscheidende Durchbruch gelungen zu sein. In einer viel beachteten Studie über die germanische Vergangenheit Friedbergs brachte er den Burgberg der alten Reichsstadt als Standort des viel gesuchten Kastells ins Spiel. Doch die Entdeckung eines römischen Nachschublagers aus der Zeit des Drusus-Feldzuges (10 vor Christus) in Rödgen bei Bad Nauheim im Jahr 1960 erschütterte auch dieses Gedankengebäude, sodass eine endgültige Lösung des Rätsels noch immer aussteht.

Die Lokalisierung des bei Tacitus genannten mons Taunus gestaltet sich auch deshalb so schwierig, weil die geographische Ausdehnung des in Frage kommenden Suchgebiets entsprechend großen Raum für eine ganze Reihe ernst und weniger ernst zu nehmende Theorien bietet. Darüber hinaus lässt der lateinische Begriff mons zwei Übersetzungsmöglichkeiten zu. Im römischen Sprachgebrauch kann das Wort sowohl einen einzelnen Berg wie auch eine ganze Gebirgskette bezeichnen.

Friedrich V. Ludwig von Hessen-Homburg (1751–1820) entdeckte, das der Landesfürst im Mai 1773 anlässlich der Einweihung seines neuen Lustwaldes, der später die Bezeichnung Großer Tannenwald erhielt, verfasst hatte. Das in unserem Zusammenhang Interessante an dem poetischen Erzeugnis ist die erläuternde Anmerkung des Landgrafen zu dem darin gebrauchten Begriff Taunus, den er ohne Wenn und Aber der römischen Epoche zuordnet, indem er ausführt: „Taunus Höh, so haben die Römer die Kette von Bergen genannt, die man jetzo die Homburger Höhe heißet, wovon der Feldberg die Krone ist.“ Allgemein gebräuchlich wurde der Name Taunus dann seit dem Jahr 1840, nachdem die erste Bahnlinie zwischen Frankfurt und Wiesbaden als Taunusbahn in Betrieb gegangen war. Dennoch blieb die Bezeichnung Taunus für unser Gebirge nicht unumstritten. Sogar der letzte Souverän der Landgrafschaft Hessen-Homburg, Ferdinand (1848–1866), hatte sich des Themas angenommen und in einer eigenen Schrift die Überzeugung geäußert, der richtige mons Taunus sei am Niederrhein zu suchen. Der recht konservative Landesfürst vertrat die Ansicht, nur der im Mittelalter verwendete Name die Höhe dürfe dem Gebirge bei Homburg beigelegt werden. Daher verwarf er im November 1857 den Vorschlag, der damals in seiner Residenzstadt angelegten Fortsetzung der heutigen Kaiser-Friedrich-Promenade den Namen Taunusstraße zu geben, und setzte für die neue Straße die Bezeichnung Höhestraße durch.

Hinsichtlich der sprachwissenschaftlichen Deutungsversuche des Namens Taunus verhält es sich ähnlich wie bei der Frage nach der Lage des mons Taunus: Trotz etlicher Lösungsvorschläge konnten bisher noch keine restlos befriedigenden Aussagen getroffen werden. Manche Autoren leiten den Begriff vom keltischen Wort dunum (Höhe) ab, andere vermuten eine germanische Herkunft und führen den Namen auf die Begriffe tuna oder tunu zurück, die sich im altnordischen tun (eingezäuntes Stück Land, Hofplatz, Stadt) erhalten haben und noch in dem deutschen Substantiv Zaun sowie dem englischen town (Stadt) fortleben.

Andreas Mengel

Reste eines Römerturms am Klingenkopf

Wehrheimer Schüler rekonstruierten 1958 einen Teil der römischen Grenzanlage. Dabei wurde auch die Holzpalisade wieder errichtet.

Im Mittelalter blieb der Limes eine Grenze. Sie war oft mit Grenzsteinen markiert. Der rechts abgebildete Stein stand am Roten Kreuz und trennte die Herrschaft Reifenberg von der Herrschaft Cronberg.

Grenze durch die Jahrhunderte

Jeder in unserem Gebiet kennt den Limes, einen langen Erdwall, der sich durch die Tauunuswälder zieht. Früher nannte man ihn den „Pfahlgraben". Erst im 17. Jahrhundert erkannten die Gelehrten die römische Herkunft des Pfahlgrabens, der nach den Chattenkriegen unter den römischen Kaisern Domitian, Trajan und Hadrian etwa ab 90 nach Christus errichtet worden war, um die neue Provinz Germania superior mit dem Hauptort Mainz zu schützen. Im Mittelpunkt der vorliegenden Betrachtung soll vor allem der Hochtaunus-Limes und seine Grenzfunktion stehen.

Vor der Ankunft der Römer war der Tauunuskamm keine Grenze für die frühgeschichtliche Bevölkerung gewesen. Von der Bronzezeit (1800 vor Christus) bis zum Ende der Keltenzeit um Christi Geburt, als germanische Stämme aus dem Norden vorrückten, finden sich Gräber dieser Kulturen im Hochtaunus sowie im Main-Taunus-Gebiet und in der Wetterau. Auch die alten Fernstraßen schwangen sich über die Taunuskämme und wurden erst in römischer Zeit durch den Limes zerschnitten. Er trennte das Taunusvorland und die mit eingeschlossene Wetterau von den germanisch kontrollierten Gebieten ab. In den von den Römern besetzten Gebieten scheint es nach westgermanischen Keramikfunden einen Zustrom von Germanen gegeben zu haben; sie überlagerten die altansässige keltische Bevölkerung. In den Waldgebirgen nördlich des Limes gibt es keinen Beleg für eine frühe germanische Besiedlung. Die Armringe, die beim Bau des Wehrheimer Bahnhofs entdeckt wurden, sind ein letzter Hinweis auf die keltischen Bewohner etwa 200 Jahre vor Christus.

Der Hochtaunus-Limes folgt dem Tauruskamm etwa vom Kastell Zugmantel nach Nordosten bis zum Kastell Kapersburg, biegt dann nach Norden ab, umfasst die Wetterau und knickt bei Inheiden scharf nach Süden ab zum Main. In römischer Zeit war er die Nordgrenze für die Verwaltungsbezirke civitas Taunensium mit dem Hauptort Nida (Frankfurt-Heddernheim) und civitas Mattiacorum mit dem Hauptort Wiesbaden. Südlich erstreckten sich diese beiden Verwaltungsbezirke bis zum Main beziehungsweise Rhein.

Da es an dieser Nordgrenze nicht immer friedlich zuging, wurde der Limes im 2. Jahrhundert nach Christus mit einem Graben und einer Holzpalisade verstärkt und das kleine Holzkastell Saalburg zu dem massiven Militärlager ausgebaut, das wir heute kennen. Steinerne Wachttürme und weitere kleine Kastelle verstärkten die Schutzfunktion der Grenze, konnten jedoch den Zusammenbruch der römischen Verwaltung nicht aufhalten, als um 260 nach Christus die Alamannen und Chatten den Limes überstiegen. Was geschah weiter? Beide Germanenstämme sind nicht sesshaft geworden. Zwar gibt es mehrere alamannische Gräberfelder im Taunusvorland, die bezeugen, dass die Alamannen sich zunächst in römischen Anlagen niedergelassen haben, aber erst mit der Landnahme der Franken – nach ihrem Sieg über die Alamannen im Jahre 496 – setzen aussagekräftige Funde ein, die eine Deutung der historischen Lage erlauben. Die Franken rückten vom Niederrhein in die Rhein-Main-Gegend vor und drängten die Alamannen weiter rheinaufwärts ins Elsass und in die Schweiz. Ihre zunächst kleinen Siedlungen, die aus Einzelhofgruppen bestanden, sind leicht erkennbar an den mit -heim endenden Namen und den Kirchen in diesen Orten, die zumeist dem heiligen Martin geweiht waren.

Viele dieser Hofgruppen wurden später verlassen, die Bewohner zogen in den befestigten Hauptort, der ihnen mehr Schutz bot. Fränkische Siedlungsbeispiele sind etwa Gonzenheim, Rödelheim, Flörsheim. Immer wieder finden sich dort Reihengräber mit merowingischen Grabbeigaben. Zwar übernahmen die Franken nicht die Siedlungen der Römer, die meist an Hängen lagen – sie konnten keine Brunnen graben und mussten daher immer in der Nähe von Bächen und Flüssen siedeln –, aber sie übernahmen deren Verwaltungssystem, mit dem sie schon seit ihrer Zeit in Gallien vertraut waren.

Der Oberurseler Lehrer Erasmus Alberus (1500–1553) dichtete einst:

„Rings umbher ligt ein grosser Waldt,
darumb die alten Heyden haben
bey zehen meil umbher gegraben,
ein lange zeit, eh Jesu Christ
auf erden mensch geboren ist.
Den graben man noch sehen kan,
er wirdt genent von jedermann
der polgrab, und zur lincken handt
reicht er biß in das Hessenlandt.
Zur rechten handt biß an den Rhein,
das kan ein langer Polgrab sein.
Derselbig grab vergeht nun sehr,
dieweil man seiner acht nicht mehr,
das alter so feindtselig ist,
beid zeit und alter alles frist.“

Den römischen civitates entsprachen nun Gaue mit einem vom König eingesetzten Grafen als Verwaltungschef. Aus der civitas Taunensium wurde der Nidda-Gau, aus der civitas Mattiacorum der Königssundergau. Beide Gaue behielten den Limes als Nordgrenze bis zur Auflösung der Gauverfassung im 12. Jahrhundert. Auch die Grenzen für den neu geschaffenen Gau Wettereiba (Wetterau), der in römischer Zeit zur Civitas Taunensium gehört hatte, orientierten sich am Limes. Ab dem 8. Jahrhundert wurden auch zahlreiche Waldgebiete im Taunus gerodet und besiedelt. Hier handelte es sich um gelenkte Besiedlung, ausgehend von Königtum oder Kirche. Typisch für diese Dörfer der karolingischen Ausbauperiode sind Namen mit -hain oder -rod. Fluchtburgen, zum Beispiel die Schnepfenburg bei Seulberg oder die Hünerburg bei Oberhöchstadt, gewährten der Bevölkerung Schutz.

Germanische Funde nördlich des Limes sind selten, da bei der inzwischen christianisierten Bevölkerung Grabbeigaben nicht mehr üblich waren. In der Wüstung Bizzenbach bei Wehrheim fanden sich Keramikreste aus dem 9. Jahrhundert als frühester Siedlungsbeleg. Bei Usingen entdeckte Eckhard Laufer Siedlungsreste aus dem 8. Jahrhundert als erste Nachweise karolingischer Besiedlung.

Um diese Zeit bildeten sich auch die ersten Marken heraus. Sie entstanden offenbar aus fränkischen Königswäldern. Die bekannteste ist die Hohe Mark mit vier beteiligten Grafschaften und etwa 40 berechtigten Markorten. Sie reichte im Süden bis zur Nidda und griff im Norden über den Limes hinaus bis zur Weil. Dies ist insofern bemerkenswert, als sich ansonsten die Territorial- und Gemarkungsgrenzen am Limes orientierten. Auch für die Kronberger und die Seulberg-Erlenbacher Mark bildete der Limes die Nordgrenze, die nördlich gelegene Wehrheimer Mark reichte im Süden bis zum Limes. Die Markgrenzen verliefen also entsprechend den alten Gaugrenzen, und sie wurden eifersüchtig gehütet.

An den Grenzumgängen nahmen die Markbeamten und die Berechtigten mit eigenem Hausstand aus allen Markorten teil, um sich die Grenze, die durch Lochbäume und Flechtzäune markiert war, einzuprägen und ihr Wissen an die Jungen weiterzugeben. Alle alten Grenzbeschreibungen erwähnen den Limes als Grenze. So auch

„... uff unnd in dem poelgraben an der alten buchen, die im polgraben steht ..."

der Hohe-Mark-Umgang aus dem Jahr 1492. Dort heißt es: „... uff unnd in dem poelgraben an der alten buchen, die im polgraben steht ..." Allmählich zerfiel die alte Markverfassung mit ihrer genossenschaftlichen Selbstverwaltung. Die Territorialherren versuchten, das den Märkern eigene Markgebiet in ihren Besitz zu ziehen. 1813 wurde die Hohe Mark, die größte Waldmark im Taunus, schließlich aufgeteilt. Das war sicher ein Segen für den Wald, der bisher der Überweidung ausgeliefert war. Der Limes blieb jedoch Staatsgrenze zwischen der Landgrafschaft Hessen-Homburg und dem Herrschaftsgebiet der Nassauer. Das änderte sich, als Nassau zusammen mit Hessen-Homburg von Preußen annektiert wurde und 1868 in der Provinz Hessen-Nassau aufging. Damit hatte der Limes seine staatliche Grenzfunktion verloren.

Im September 1945 wurde die Provinz Hessen-Nassau zusammen mit dem Großherzogtum Hessen-Darmstadt nach einem kurzen Zwischenspiel als Volksstaat Hessen im „Land Hessen" zusammengeführt.

Der Limes trennte bis 1972 die Kreise Usingen und Obertaunus, bevor beide im Hochtaunuskreis vereinigt wurden, und noch heute bildet er die Grenze zwischen den Gemarkungen von Wehrheim und Neu-Anspach nördlich und Bad Homburg und Friedrichsdorf südlich des Limes sowie von Oberems und Glashütten.

Johanna Koppenhöfer

Blick nach Westen: Limesmarkierung bei Dasbach.

Die Wacht am Limes

Mit beinahe 550 Kilometern stellt der Obergermanisch-raetische Limes das größte Bodendenkmal Europas dar. Entlang dieser Grenze lagen rund 900 Wachttürme und etwa 120 kleinere und größere Kastellanlagen. Die Befestigungen an der Grenze sollten das Römische Reich vor Überfällen germanischer Stämme schützen.

Einen entscheidenden Schritt zur Absicherung Italiens hatte bereits Gaius Julius Caesar unternommen, der 58 bis 51 vor Christus Gallien eroberte und damit die Grenze des Römischen Reiches bis zum Rhein hin ausdehnte. Der Rhein als natürliche Flussgrenze wurde durch Militäranlagen befestigt, um Angriffe der auf rechtsrheinischem Gebiet siedelnden Germanen entgegentreten zu können. Um die Vormarschwege zu verkürzen, besetzten römische Truppen in der Regierungszeit des Kaisers Vespasian (69 bis 79 nach Christus) in den frühen siebziger Jahren das Gebiet am oberen Neckar und Schwarzwald.

Ebenso drangen römische Truppen von Mainz in das Gebiet der Wetterau vor. Kastelle bildeten unter Kaiser Domitian (81 bis 96 nach Christus) die Aufmarschbasen, die Rom für Kriegszüge gegen den in Nordhessen siedelnden germanischen Stamm der Chatten nutzte (83 bis 85 nach Christus).

Ausgedehnte militärisch überwachte Grenzsperren waren keine Erfindung der Römer. Vielmehr konnte Rom hierbei auf die Tradition der hellenistischen Wehrtechnik zurückgreifen. Diese griechischen Vorbilder, zu denen auch Sperranlagen mit Wachttürmen aus Holz oder Stein gehörten, standen den Römern vermutlich vor Augen, als sie den Obergermanisch-raetischen Limes anlegten.

Im Zusammenhang mit den Chattenkriegen Domitians entstanden wahrscheinlich die ersten

Ein imposanter Anblick: Ein römischer Wachtturm, wie er bei Dasbach rekonstruiert wurde. Rund 900 von diesen Wachttürmen standen entlang des Limes.

Militäranlagen im Taunus. Vermutlich seit dieser Zeit begannen die Römer die Grenzen der Provinzen Obergermanien und Raetien mit einem Postenweg und Holztürmen abzusichern (Bauzustand 1). Bestand der Limes zu Beginn des 2. Jahrhunderts lediglich aus einem Postenweg und Wachttürmen aus Holz, wurde unter Kaiser Hadrian (117 bis 138 nach Christus) als zusätzliches Annäherungshindernis ein Palisadenzaun errichtet (Bauzustand 2). Eine weitere Veränderung erfolgte um die Mitte des 2. Jahrhunderts, als die baufällig gewordenen Wachttürme aus Holz durch Steintürme ersetzt wurden (Bauzustand 3). Noch heute zeugen an vielen Limesabschnitten die nebeneinander liegenden Reste von Holz- und Steintürmen von dieser Entwicklung. Gegen Ende des Jahrhunderts wurde entlang des obergermanischen Limes als weiteres Annäherungshindernis ein Wall und Graben angelegt und zwar unmittelbar hinter der Palisade (Bauzustand 4). Dieser Bauzustand blieb im Wesentlichen bis zum Ende des Limes um 260 nach Christus erhalten.

Ob zu dieser Zeit, die in Bauphase 2 errichtete Holzpalisade noch bestand, erscheint zweifelhaft. Die Abstände der entlang der römischen Grenze vorhandenen Wachttürme betrugen je nach Geländegegebenheiten etwa zweihundert bis tausend Meter und waren mit etwa acht Soldaten zu schwach besetzt, um über die Grenzüberwachung hinausgehend einen wirkungsvollen militärischen Schutz der Grenze sicherzustellen.

Fast immer lagen die Wachttürme auf markanten Erhebungen, von denen aus die angrenzende Limesstrecke und die jeweiligen Nachbartürme zu sehen waren. Diese Sichtverbindung zwischen den einzelnen Türmen war für die Nachrichtenübermittlung im Ernstfall unerlässlich. Die auf der Trajanssäule in Rom dargestellten Türme zeigen, wie solche Nachrichten von Turm zu Turm bis zum nächstgelegenen Kastell weitergegeben werden konnten. Im Falle eines gegnerischen Angriffes wurde eine brennende Fackel hinausgehalten. Teile von Blasinstrumenten, die im Umfeld einiger Türme gefunden wurden, machen eine akustische Verständigung bei ungünstigen Witterungsverhältnissen wahrscheinlich.

Von den hölzernen Wachttürmen ist obertägig nichts mehr zu sehen. Es waren die Ausgrabungen der Reichs-Limeskommission ab dem späten 19. Jahrhundert, denen wir wichtige Erkenntnisse verdanken. Ausgrabungen im Odenwald und im Taunus lassen die Bauweise der Holztürme erkennen. Die hölzernen Wachttürme wurden von einem flachen Ringgraben umgeben, dessen Aufgabe darin bestand, die eigentliche Turmstelle trocken zu halten. Die Holztürme hatten eine Seitenlänge zwischen vier und sechs Metern und waren bei den Ausgrabungen an den Standspuren der vier massiven Eckpfosten kenntlich. Soweit der archäologische Befund Rückschlüsse zulässt, bestanden die Außenfronten der Türme aus so genanntem Trockenmauerwerk.

Daneben ist sicherlich in Betracht zu ziehen, dass nicht alle Holztürme entlang des Limes in einheitlicher Bauweise errichtet wurden. Im Zusammenhang mit den nachfolgenden Steintürmen wird darauf zurückzukommen sein, dass es den einheitlichen Limesturm nicht gab. Die mit Trockenmauerwerk und horizontalen Balkenrosten versehenen Türme besaßen im Erdgeschoss einen massiven, nicht begehbaren Sockel in der beschriebenen Bautechnik. Die mächtigen Eckpfosten hatten wohl die Funktion, den oberen Aufbau des Turms zu tragen. Auf diesem massiven Erdgeschoss saßen die beiden Obergeschosse auf, die aus Fachwerk bestanden. Als Bedachung der Türme wird man Holzschindeln oder Stroh vermuten können. Die Höhe der Tür-

Wie man sich das Soldatenleben im Inneren der Steintürme vorstellen muss, haben Wissenschaftler inzwischen herausgefunden: Auf drei Stockwerke verteilt musste die Turmbesatzung im Falle eines Angriffs ausharren, bis Verstärkung kam. Die wurde mit Hilfe von Fackeln alarmiert.

me wird nach den topographischen Gegebenheiten variiert haben und konnte bis zu zehn Meter betragen.

Die Türme besaßen vermutlich über dem Erdgeschoss noch zwei weitere Etagen. Dabei diente das mittlere Geschoss, das auch gleichzeitig den über eine Leiter zugänglichen Eingang bildete, den Wohnzwecken der Turmbesatzung, während der obere Stock dem Wachdienst vorbehalten war.

Da sich in unseren Breiten von den später erbauten Steintürmen (Bauzustand 3) bestenfalls wenige Lagen des aufgehenden Mauerwerks erhalten haben, werden die auf der Trajanssäule gezeigten Türme mangels archäologischer Befunde gerne als Vorbild für die Rekonstruktion von Wachttürmen angesehen. Doch die Trajanssäule, die ja die Architektur am Donaulimes im frühen 2. Jahrhundert zeigt, kann hierbei lediglich einen Anhaltspunkt bieten, wie an unserem Limes gut 50 Jahre später solche Wachttürme aus Stein ausgesehen haben könnten: Die Türme besitzen ein Zeltdach aus langen Schindeln. Deutlich erkennbar ist das regelmäßige Quadermauerwerk. Bei einigen Wachttürmen am Taunus- und Odenwald-Limes ließen sich an den höher erhaltenen Steinlagen noch Reste des weißen Verputzes und des roten Fugenstrichs nachweisen, die den ursprünglich aus Bruchsteinen gemauerten Türmen dieses regelmäßige Quaderaussehen geben sollte. Das Obergeschoss der Türme lässt deutlich eine umlaufende Holzgalerie mit kreuzförmigen Verstrebungen erkennen, die selbstverständlich im archäologischen Befund heute nicht mehr nachweisbar ist.

Diese Reliefs bilden also das Vorbild für die meisten Turm-Rekonstruktionen auch am Obergermanisch-raetischen Limes. Allerdings lassen die Ausgrabungsbefunde in einigen Details Modifizierungen zu. Die Wachttürme, deren aufgehendes Mauerwerk zumindest noch Teile des Untergeschosses umfasst, zeigen, dass ein ebenerdiger Eingang, wie er sich auf dem Relief der Trajanssäule zeigt, an unserem Limes nicht die Regel war.

Offensichtlich lag der Zugang im ersten Stock und konnte über eine einziehbare Leiter betreten werden. Damit sollte der Gefahr einer handstreichartigen Eroberung des Turms durch feindliche Angreifer entgegengewirkt werden.

Die Steintürme besaßen vermutlich über dem Erdgeschoss, das der Vorratslagerung zum Beispiel von Lebensmitteln gedient haben könnte, noch zwei weitere Etagen. Durch die Funde von Vorratsgefäßen, Mühlsteinen oder festen Feuerstellen muss man davon ausgehen, dass die Soldaten über einen längeren Zeitraum in den Wachttürmen wohnten.

Im Inneren der Türme fanden sich keine Hinweise für steinerne Treppenaufgänge zu den oberen Stockwerken. Die Türme müssen also in den Innenräumen mit Holzstiegen oder Leitern begehbar gewesen sein. Für die Rekonstruktion der Steintürme gibt gerade der Odenwald-Limes wichtige und detailreiche Hinweise auf einen Wachtturmtyp, der entgegen dem bisher Besprochenen keine umlaufende Galerie aus Holz besaß. Als Baumaterial auf dieser Strecke diente der in diesem Teil des Odenwaldes anstehende Buntsandstein, der in nächster Nähe der Bauplätze in ausreichender Menge zur Verfügung stand.

Im Bauschutt der Odenwald-Türme fanden sich viele Bauteile der höheren Stockwerke, gelegentlich kleine, teilweise profilierte Mittelpfeiler, die einen Hinweis auf große, mindestens zweigeteilte Aussichtsfenster geben können. In anderen Fällen wird man vielleicht statt der Steinpfeiler Holzstützen verwendet haben. Auf Grund der großen Aussichtsfenster, die nach allen Seiten hin die Überwachung des Geländes sicherstellten, konnte auf eine hölzerne Galerie verzichtet werden. Vielleicht konnten die Fenster mit hölzernen Läden verschlossen werden.

Das System des Limes hat während seines Bestehens über einen langen Zeitraum bestens funktioniert und damit die Voraussetzungen geschaffen, die für eine wirtschaftliche und kulturelle Blüte des Limeshinterlandes notwendig waren.

Wolfgang Schmidt

Die ersten Wachttürme am Limes waren aus Holz. Über eine Leiter gelangten die Soldaten ins Turminnere. Die großen Fenster dienten der Beobachtung des Limesvorlandes (rechts).

Ausschnitt aus der Trajanssäule in Rom: Die dortige Abbildung eines Wachtturms wird von Wissenschaftlern als Vorlage für Turm-Rekonstruktionen am Limes genutzt (ganz rechts).

Rekonstruktion des Steinwachtturms am Limes bei Idstein.

Im Kastell ist alles geregelt

Wesentliche Gründe für die Überlegenheit des römischen Militärs über die keltischen und germanischen Stämme lagen in der strengen Disziplin und perfekten Organisation der Römer. Hierbei bildete das feste Schema eines römischen Lagers einen entscheidenden Bestandteil. Im Gegensatz zu den kurzfristig besetzten Marschlagern, die keine festen Bauten im Inneren besaßen, versteht man unter Standlagern die besser ausgebauten Lager, die der Truppe für einen längeren Aufenthalt dienten.

Als sich unter Kaiser Augustus (27 vor Christus bis 14 nach Christus) die Situation an der Rhein- und Donaugrenze konsolidierte, wurden die römischen Truppen entlang der Grenze in festen Garnisonsorten stationiert, die mit der Besetzung von Taunus und Wetterau ab den 70er Jahren des 1. Jahrhunderts nach Christus unter den Kaisern Vespasian und Domitian nach Osten vorverlegt wurden. Eine wichtige Entwicklung der römischen Grenze in Obergermanien und insbesondere für die Taunusregion leitete der Krieg Kaiser Domitians in den Jahren 83 bis 85 nach Christus gegen den germanischen Stamm der Chatten ein, die in Nordhessen ihre Siedlungsgebiete besaßen und in den römischen Quellen als Gegner der Römer erscheinen. Auf diese Chattenkriege Domitians gehen vermutlich die frühesten Militäranlagen am Limes im Taunus zurück.

Zusammen mit den zahlreichen Wachttürmen dienten die entlang des Limes erbauten Kastelle der Überwachung dieser Grenze. Häufig lassen sich bei gut untersuchten Militärlagern mehrere Bauphasen unterscheiden. Die ersten Kastellanlagen besaßen zunächst einen einfachen Erdwall mit hölzerner Umwehrung und wurden erst im 2. Jahrhundert nach Christus in Stein ausgebaut. In diese Entstehungszeit des Taunus-Limes gehören vermutlich auch die beiden Erdschanzen auf dem Saalburgsattel, wobei die dortige Schanze A durchaus bereits mit den vespasianischen Vorstößen in Verbindung stehen könnte. Auch die beiden Kastelle Kapersburg und Zugmantel zählen zu den ältesten Militäranlagen am Taunuslimes, die in ihrer ersten Bauphase vermutlich am Ende des 1. Jahrhunderts nach Christus entstanden. In der aktuellen Forschung werden jedoch auf Grund einer neuerlichen Auswertung des Fundmünzenmaterials die Anfänge der Militäranlagen am Limes zu Beginn des 2. Jahrhunderts nach Christus diskutiert.

Der systematische Beginn des Ausbaus eines Limes in Taunus und Wetterau hatte zur Folge, dass die Hilfstruppen, die bisher in den seit Vespasian bestehenden rückwärtigen Kastellanlagen stationiert waren, in die neu errichteten Kastelle in Taunus und Wetterau verlegt wurden. In den Kastellen entlang des Limes waren ausschließlich Hilfstruppen (Auxiliareinheiten) stationiert. Im Gegensatz zu den Legionssoldaten besaßen sie in der Regel nicht das römische Bürgerrecht und rekrutierten sich aus den freien, männlichen Einwohnern der Provinzen. In den

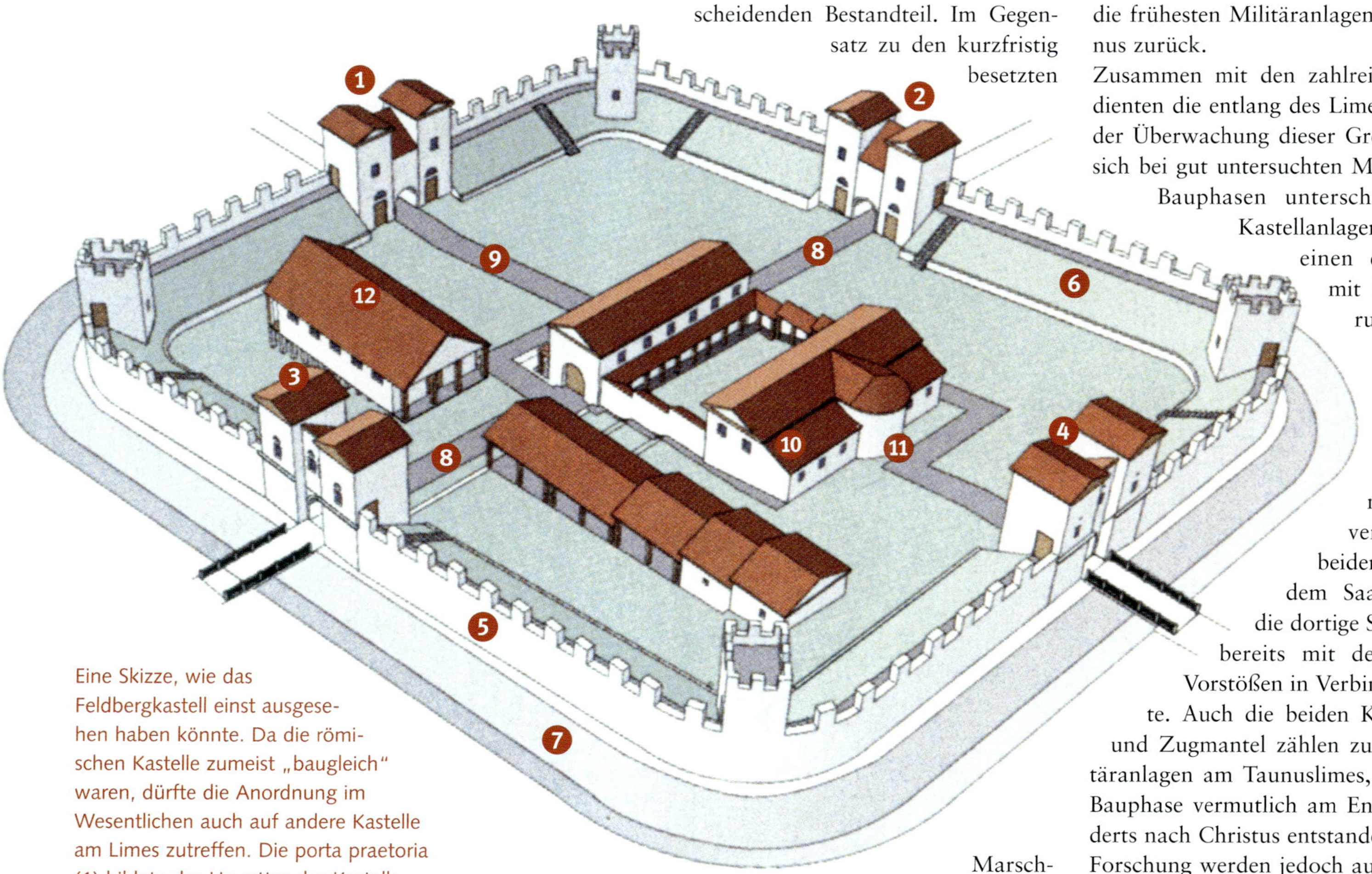

Eine Skizze, wie das Feldbergkastell einst ausgesehen haben könnte. Da die römischen Kastelle zumeist „baugleich" waren, dürfte die Anordnung im Wesentlichen auch auf andere Kastelle am Limes zutreffen. Die porta praetoria (1) bildete das Haupttor des Kastells. Die porta principalis sinistra (2) war das linke, die porta principalis dextra (3) das rechte Tor. Über die porta decumana (4), die rückwärtige Pforte, konnte das Kastell ebenfalls betreten werden. Die gesamte Anlage war von einer Wehrmauer (5) und einem Wehrgang (6) umgeben. Als Annäherungshindernis diente der Spitzgraben (7). Die via principalis (8) und die via praetoria (9) bildeten die „Hauptstraßen" des Kastells, die sich vor der principia, dem Stabsgebäude (10), trafen. Heute (siehe Foto Seite 29 oben) sind nur noch die Fundamente des Fahnenheiligtums (11), des Getreidespeichers (12) sowie der vier Tore sichtbar.

Eine Luftaufnahme des Feldbergkastells (links) und die Außenmauer des Kastells (unten) unweit des Roten Kreuzes.

1,5 bis 3,2 Hektar großen Kohortenkastellen wie der Saalburg und dem Zugmantelkastell waren 500 bis 600 Soldaten stationiert. Eine kleinere Einheit in der Stärke von 120 bis 160 Soldaten bildeten die numeri. Eine solche Truppe ist beispielsweise als Besatzung des Feldbergkastells nachgewiesen.
Zwischen diesen größeren Kastellen für Kohorten beziehungsweise numeri gab es auch so genannte Kleinkastelle. Diese Wehranlagen mit erheblich geringerem Umfang, von denen die Kastelle „Altes Jagdhaus“ und „Heidenstock“ noch gut im Gelände zu erkennen sind, hatten häufig die Aufgabe, Limesübergänge zu überwachen oder gefährdete Punkte an der Grenze zusätzlich abzusichern. Die Kastelle entlang des Limes waren von Mauern und Spitzgräben geschützt. In den größeren Kastellen ermöglichten vier Tore von jeder Seite den Zugang. Im Inneren waren die Kastelle durch ein regelmäßiges Straßennetz unterteilt, der via praetoria, die vom Haupttor (porta praetoria) zum Stabsgebäude (principia) führte und der via principalis, die das linke Seitentor (porta principalis sinistra) mit dem rechten Seitentor (porta principalis dextra) verband. Die via principalis unterteilte das Kastell in einen meist kleineren Vorderteil (praetentura) und einen rückwärtigen Lagerteil (retentura).

Der Innenbereich eines Kastells war dicht bebaut. Die lang gestreckten Mannschaftsbaracken beanspruchten den meisten Platz. Zu den weiteren Gebäuden, zumindest in den größeren Kastellen, gehörten Vorratsspeicher (horrea), Werkstätten (fabricae), das Wohnhaus des Lagerkommandanten (praetorium) sowie oftmals ein Lazarett (valetudinarium). In der Mitte des Kastells befand sich der Kommandanturbau (principia), der mit einer Vorhalle versehen war.
Auf der Saalburg ist dieser zentrale Baukomplex vollständig rekonstruiert worden. Um einen offenen Innenhof gruppierten sich die Verwaltungsräume, Schreibstuben und Waffenkammern. Der wichtigste Raum innerhalb der principia bildete das Fahnenheiligtum, das die Feldzeichen der Truppe enthielt und ein Bild des regierenden Kaisers. Um die Militärlager bildeten sich rasch zivile Siedlungen in Form eines Lagervordorfes (vicus). Im Bereich des Kastells Zugmantel führt ein archäologischer Wanderweg zu den gut sichtbaren Resten des Pfahlgrabens mit den Rekonstruktionen eines Limeswachtturms und einer davorliegenden Holzpalisade sowie Wall und Graben.
Das Kastell Zugmantel gilt als eines der am besten erforschten Limeskastelle. Vor allem Heinrich Jacobi unternahm bis 1934 umfangreiche Untersuchungen des Kastells und dessen Lagervordorfes. An dieser strategisch und verkehrsgeographisch wichtigen Stelle wurde um 90 nach Christus zunächst ein Holzkastell von 0,7 Hektar Größe errichtet, das nach einer wei-

Ein Modell der Saalburg in ihrer „Blütezeit“: Vor dem Kastell hat sich ein kleines Dorf mit Handwerkern und Händlern entwickelt (oben).

teren Ausbauphase unter Kaiser Hadrian um die Mitte des 2. Jahrhunderts auf 1,7 Hektar vergrößert und in Stein ausgebaut wurde. Eine nochmalige Vergrößerung auf 2,1 Hektar fand vom Jahr 223 nach Christus an statt.
Inschriften nennen als Besatzung dieses Kastells die erste berittene Trevererkohorte, die aus dem keltischen Stamm der Treverer rekrutiert wurde. Das Kastell bestand bis zur Aufgabe des Limes um 260. Hier im westlichen Taunus hatte es die Aufgabe, die fruchtbaren Gebiete des Rheingaus und das römische Wiesbaden (Aquae Mattiacorum) zu schützen.
Über den Höhenrücken am Zugmantelkastell führte zudem eine alte Fernstraße, die Hühnerstraße, heute die B 417, die den Vordertaunus mit dem Limburger Becken, einem germanischen Siedlungsgebiet, verband. Umfangreiches germanisches Fundmaterial aus dem Lagerdorf legt die Anwesenheit germanischer Soldaten oder Siedler nahe. Ein ausgeschilderter archäologischer Rundwanderweg führt den Besucher zu allen sichtbaren Überresten im Umkreis des Zugmantelkastells. Auch der Pfahlgraben vor dem Kastell ist erhalten. Ein Schutthügel nordwestlich des Kastells überdeckt die Reste zweier Steintürme und eines in der frühen Ausbauphase des Limes angelegten Holzturms. Unmittelbar östlich der B 417 ist ein rekonstruierter Limeswachtturm aus Stein zu sehen.

An dieser Stelle wurde ein kleiner Abschnitt der hölzernen Limespalisade sowie Wall und Graben rekonstruiert. Die steinerne Umwehrung des Kastells ist rundum als Erdwall zu erkennen. Nördlich und östlich des Kastells liegen zwei Rundschanzen, die als kleine Amphitheater zur Vorführung von Truppenübungen gedeutet werden.

Das gut erhaltene Feldbergkastell, das mit 700 Metern Höhe das höchstgelegene Kastell am römischen Limes in Deutschland ist, liegt unweit des Parkplatzes am „Roten Kreuz“. Das erst nach der Mitte des 2. Jahrhunderts nach Christus auf Grund der wachsenden Germanengefahr erbaute Kastell ist in weiten

Den Mittelpunkt eines Kastells bildete das Fahnenheiligtum. Wie es einst aussah, kann man auf der Saalburg besichtigen (rechts).

Teilen konserviert. Zwischen dem Haupttor und dem Limes ist das Kastellbad, das im Volksmund als „Heidenkirche“ bezeichnet wird, noch als Schutthügel erkennbar.
Unweit der Passhöhe „Sandplacken“ führt ein Wanderweg zu den Resten des Kleinkastells „Altes Jagdhaus“, dessen zerfallene Wehrmauer noch deutlich sichtbar ist. Im Innenbereich wurde im 16. Jahrhundert ein Jagdhaus erbaut, das dem Kastell seinen Namen gab. Folgt man der gut erhaltenen Limesstrecke, so gelangt man nach etwa zwei Kilometern zu dem Kleinkastell „Heidenstock“. Ein Teil der steinernen Umwehrung ist mittlerweile konserviert.
Ein weiteres Kleinkastell, dessen Mauer ebenfalls als Schuttwall sichtbar ist, liegt nur wenige Kilometer östlich der Saalburg. Das Kleinkastell „Lochmühle“ bildet auch die Grenze zwischen der Taunus-Strecke des Limes und dem Beginn der Wetterau-Strecke. Hier biegt der römische Grenzwall nach Norden ab, um die fruchtbare Wetterau in den Grenzverlauf einzubeziehen.

Wolfgang Schmidt

Ende des 19. Jahrhunderts wurde damit begonnen, das imposante Römerkastell Saalburg (oben) wieder aufzubauen. Heute präsentiert sich das Museum – vor allem an Aktionstagen – als Besuchermagnet. Dann wird auch gezeigt, wie die Legionäre früher exerziert haben (unten).

Von der Schanze zum Museum

Möglicherweise war an dem vom Rhein-Main-Gebiet zum Lahntal und auch nach Oberhessen hin gelegenen bequemen Taunusübergang an der Saalburg bereits während der Militäraktionen der römischen Kaiser Vespasian und Domitian in den 70er und 80er Jahren des 1. Jahrhunderts nach Christus eine kleine Kastellanlage entstanden. Es dürfte sich dabei um die so genannte Schanze A gehandelt haben, deren Umrisse sich heute noch östlich des Saalburg-Kastells im Wald zu erkennen geben.
Archäologischen Erkenntnissen zufolge scheint das Kleinkastell ein nur kurzfristig besetztes Zeltcamp gewesen zu sein, das eine Truppe in der Stärke einer Centurie (80–100 Mann) aufgenommen hat. Die Soldaten, die auch ihre Last- und Reittiere innerhalb des kleinen Kastells bei sich hatten, sollten den Passübergang bewachen und damit die Flanke der im Maintal vorrückenden geschlossenen Verbände sichern.
Vielleicht im Zusammenhang mit dem Chattenkrieg (83–85 nach Christus) entstand auf dem Saalburgsattel die zweite, so genannte Schanze B. Auch sie war für 80 Mann ausgelegt. Gegenüber dem Zeltcamp handelte es sich jetzt aber um eine dauerhaftere Anlage, denn hinter Wall und Graben als Umwehrung war die Mannschaftsunterkunft in Form einer u-förmigen Baracke als Holz-Fachwerkbau errichtet worden. Die kleine Befestigung war mit ihrem Eingangstor zum Limes hin orientiert, der in 250 Metern Entfernung weiter nördlich vorbeiführte.
Die unter Kaiser Trajan durchgeführten Maßnahmen zur Sicherung der inzwischen eingerichteten römischen Provinz Obergermanien mit der Hauptstadt Mainz berührten auch das Gebiet der Saalburg. Neben den älteren Schanzen

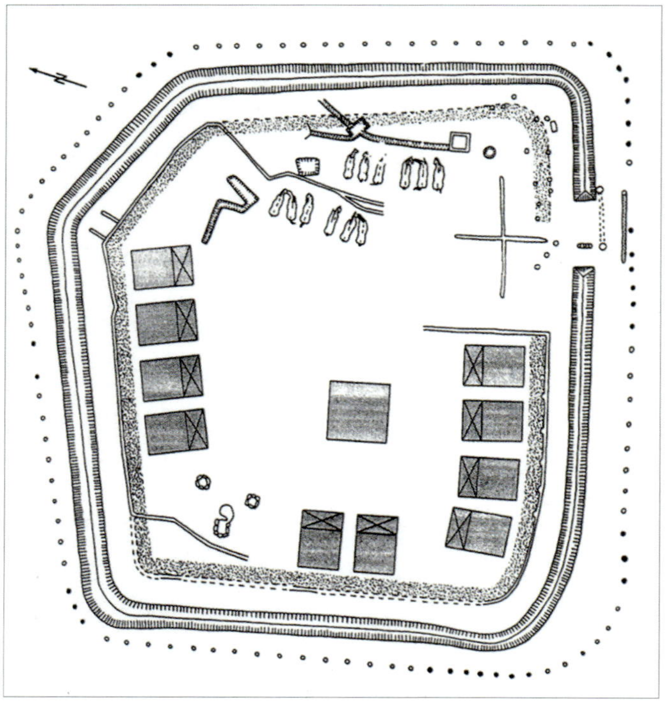

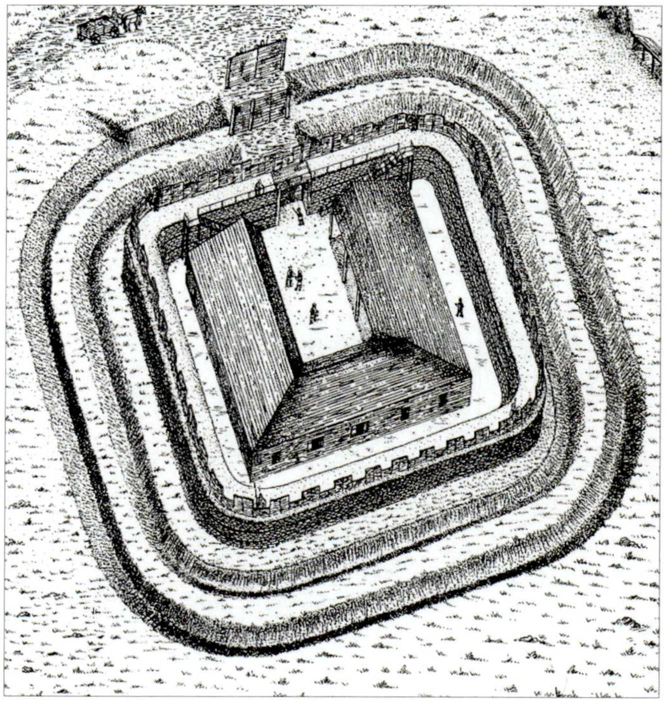

errichteten die Römer ein Kastell für eine Truppe von 160 bis 200 Mann, einen so genannten Numerus. Diese 0,6 Hektar große Anlage, in der Forschungsliteratur als „Saalburg-Erdkastell" bezeichnet, beherbergte eine aus Britannien stammende Einheit, einen numerus Brittonum. Die Bezeichnung des Lagers geht auf die Konstruktion seiner Umwehrung zurück, einem an der Vorderseite mit Holz verstärkten Erdwall. Im Zentrum des Kastells befand sich das Stabsgebäude (principia), dahinter das Wohnhaus (praetorium) des Kommandanten (praepositus numeri). Die Mannschaften waren in vier Baracken (centuriae) untergebracht. Zum Kastell gehörte ein in Stein erbautes Badegebäude vor dem Nordtor des Kastells. Diese Toranlage war auf den Limes hin ausgerichtet, der in dieser Zeit zunehmend die vertraute Gestalt annahm: ein Patrouillenweg mit Holzwachttürmen und – seit 120 nach Christus – mit einer hölzernen Palisade als Grenzmarkierung davor. Die Einrichtung dieser durchgängigen Palisade am Limes geht auf Kaiser Hadrian (117–138 nach Christus) zurück, der damit der Provinz Obergermanien rechtsverbindliche und für jedermann sichtbare Grenzen gab.

Das Numeruskastell auf dem Saalburgpass bestand bis um das Jahr 135 nach Christus. Danach kam die zweite, teilweise berittene und mit dem römischen Bürgerrecht ausgestattete Raeter-Kohorte (cohors II Raetorum Civium Romanorum equitata), eine Truppe von 500

Rekonstruktionszeichnung der Schanze A: Vermutlich in den 70er und 80er Jahren des 1. Jahrhunderts nach Christus entstanden. Bei der Erdschanze handelte es sich um ein Kleinkastell in Form eines Zeltcamps, das offenbar nur kurzfristig besetzt war (oben).

Rekonstruktionszeichnung der Schanze B: Die Anlage entstand wahrscheinlich zwischen 83 und 85 nach Christus. Es handelte sich um ein dauerhafteres Bauwerk mit Wall und Graben (oben rechts).

Mann, an den Ort. Die Römer errichteten jetzt ein 3,2 Hektar großes Kastell, zunächst ebenfalls in Holz-Erde-Technik. In dem neuen Lager lagen nun zwei Einheiten: die 2. Raeter-Kohorte und der Brittonen-Numerus. Die Kastell-Innengebäude bestanden aus Holz-Fachwerkbauten, so unter anderem die Mannschaftsbaracken und Ställe (stabula) sowie die großen Proviantspeicher (horrea). Außerhalb des Kastells entstand vor dem nun nach Süden hin orientierten Haupttor (porta praetoria) eine Badeanlage mit angefügtem Hotel (mansio).

Schon um das einstige Numeruskastell hatte sich ein Lagerdorf entwickelt, in dem die Familienangehörigen der Soldaten, Händler, Handwerker, Gastwirte und Tagelöhner wohnten. Mit seinen charakteristischen langrechteckigen Streifenhausparzellen, einer Bebauung, die sich wie eine moderne Reihenhaussiedlung ausnimmt, erstreckte es sich an West-, Süd- und Ostseite des Kastells. Am südlichen Rand der Siedlung lagen die kultischen Einrichtungen wie Tempel und heilige Bezirke, an die wiederum das Gräberfeld angrenzte. Eine vom Haupttor aus durch die Siedlung führende Straße verband das Kastell mit Nida/Heddernheim, dem Mittelpunktsort der civitas Taunensium, die in Dingen der Zivilverwaltung für unser Gebiet zuständig war.

In der zweiten Hälfte des 2. Jahrhunderts nach Christus war das Saalburg-Kastell mit einer Steinmauer umgeben worden, an die man im Inneren eine Rampe angeschüttet hatte, die es den Soldaten ermöglichte, bei einem Angriff schnell auf den Wehrgang zu gelangen und die Angreifer abzuwehren. Auch die wichtigsten Gebäude im Inneren wurden nun in Stein erbaut: das Stabsgebäude, teilweise die Kommandantenwohnung und die Getreidespeicher.

Da die Mauer der Umwehrung und wohl auch die meisten Gebäude im Innern wahrscheinlich weiß verputzt und mit einem roten Fugenstrich versehen waren, machte eine solche Kastellanlage insgesamt einen gehörigen Eindruck, vor allem auf Menschen, die – wie die Germanen von jenseits der Grenze – noch in Holzhütten hausten. Dies war beabsichtigt. So zeigte Rom auch auf den Taunushöhen seine Macht.

Schon im zweiten Jahrzehnt des 3. Jahrhunderts nach Christus machten sich im Vorfeld des Limes die ersten Anzeichen breit, dass der römischen Grenze und ihren Anlagen in Germanien eine überaus unruhige Zeit bevorstand. 233 kam es dann zu einem verheerenden Alamanneneinfall in das Limesgebiet, der zu einer Ausdünnung der Besiedlung im Limeshinterland und zu einer Verringerung der Truppen in den verschiedenen Limeskastellen führte.
Im Grunde hat sich der rechtsrheinische Provinzteil von diesem Schlag nicht mehr erholt. Nahezu alljährlich fielen nun germanische Scharen in das Provinzgebiet ein, plünderten und zogen sich schnell wieder über die Grenze nach Germanien zurück. Mehrere Brandschichten, die bei den Ausgrabungen auf der Saalburg angetroffen werden konnten, dürften mit diesen Ereignissen in Verbindung stehen. Im Jahr 260 nach Christus – wiederum nach einem verheerenden Alamanneneinfall – entschloss sich der römische Kaiser Gallienus, die Truppen vom Limes abzuziehen und sie auf die Rheinlinie zurückzuverlegen. Das Saalburg-Kastell blieb fortan unbesetzt und begann zu zerfallen.

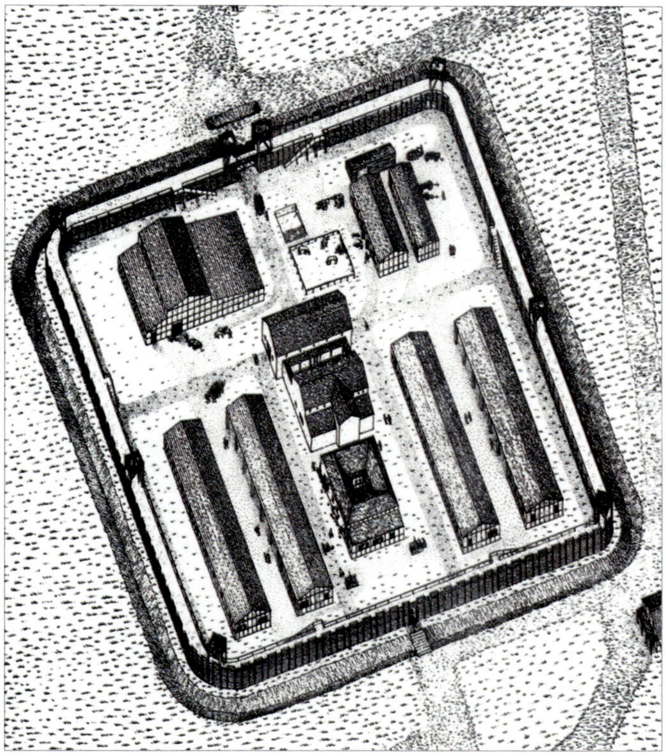

Rekonstruktionszeichnung des Numeruskastells: Das Saalburg-Erdkastell, benannt nach dem mit Holz verstärkten Erdwall an der Vorderseite, bestand bis zum Jahr 135 (links).

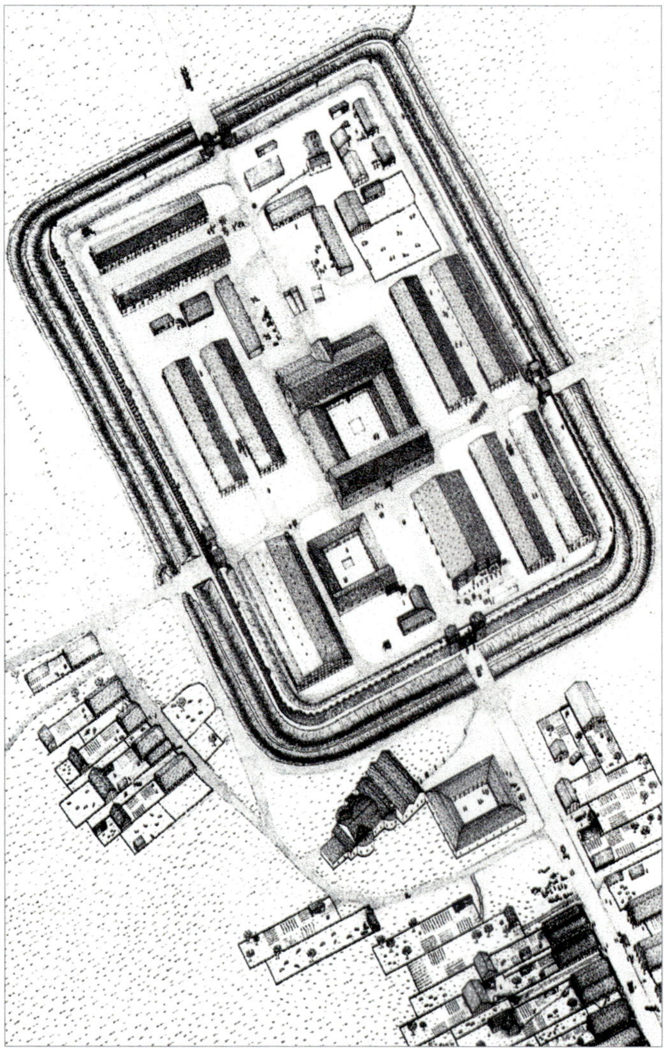

Rekonstruktionsskizze des in Stein ausgebauten Kohortenkastells: Das Bauwerk entstand in der zweiten Hälfte des 2. Jahrhunderts (unten).

Zentrum der Römer-Forschung

Die Kenntnis des römischen Ursprungs der Anlage auf dem Saalburgsattel ging im Mittelalter verloren. Erst 1747 erkannte Elias Neuhof die Ruinen des alten Kastells als römisch. Danach erfolgten Raubgräbereien, schließlich archäologische Ausgrabungen und zuletzt systematische Forschungen. Nach umfangreichen archäologischen Grabungen entstand auf den antiken Fundamenten des einstigen Römerkastells zwischen 1897 und 1907 die Rekonstruktion des Kastells.
Der Bad Homburger Architekt und Limesforscher Louis Jacobi konnte mit der Unterstützung Kaiser Wilhelms II. den Wiederaufbau vornehmen. Dabei orientierte er sich an den Bauformen antiker Vorbilder, sodass die heutige Anlage einen annähernd originalgetreuen Eindruck einer römischen Militäreinrichtung vermittelt.
In den Räumen des wieder aufgebauten Kastells wurde das Saalburgmuseum untergebracht. Die Besucher können vor allem im ehemaligen Getreidespeicher die umfangreichen und vielfältigen Ausgrabungsfunde besichtigen. Die Ausstellung ist den Hinterlassenschaften des täglichen Lebens gewidmet, die zeigen, wie die Men-

schen vor annähernd 2000 Jahren gelebt haben. Erst 1997 konnte in den Räumen des ehemaligen Stabsgebäudes eine neue Dauerausstellung eingerichtet werden, die sich sowohl der Wiederaufbaugeschichte als auch umfassend den Themen der Provinzialrömischen Archäologie widmet. Herausragende Räume stellen das Fahnenheiligtum, der Keller unter diesem Gebäudeteil mit der Truppenkasse, der Raum mit dem Echzeller Triklinium, dem Speisezimmer eines Hauptmanns aus dem Reiterkastell Echzell, sowie der Raum mit den römischen Schutz- und Belagerungswaffen, darunter auch Geschütze, dar. In einer der Mannschaftsbaracken hinter dem horreum ist zudem eine Mannschaftsunterkunft wie in antiker Zeit wieder hergerichtet worden, in der anderen centuria befindet sich heute die Taberna, das Museumscafé.

Das Saalburg-Forschungsinstitut befindet sich in den Räumen des ehemaligen Kommandantenwohnhauses. Hier sind neben der Verwaltung auch die Wissenschaftler und eine Bibliothek untergebracht. Die Wissenschaftler der Saalburg widmen sich insbesondere der Erforschung des römischen Limes und seiner Anlagen im nationalen und internationalen Rahmen. Darüber hinaus führen sie archäologische Ausgrabungen durch und veröffentlichen die gewonnenen Ergebnisse in der hauseigenen Zeitschrift, dem Saalburg-Jahrbuch, das vom Museum herausgegeben wird.

Daneben macht das Museum ein vielfältiges museumspädagogisches Angebot, das von der einfachen Führung über den Kindergeburtstag und die berufsbezogene Sonderführung bis hin zum archäologischen Experiment reicht. Die Anlage selbst oder einzelne Räumlichkeiten können für Sonderveranstaltungen gemietet werden.

Egon Schallmayer

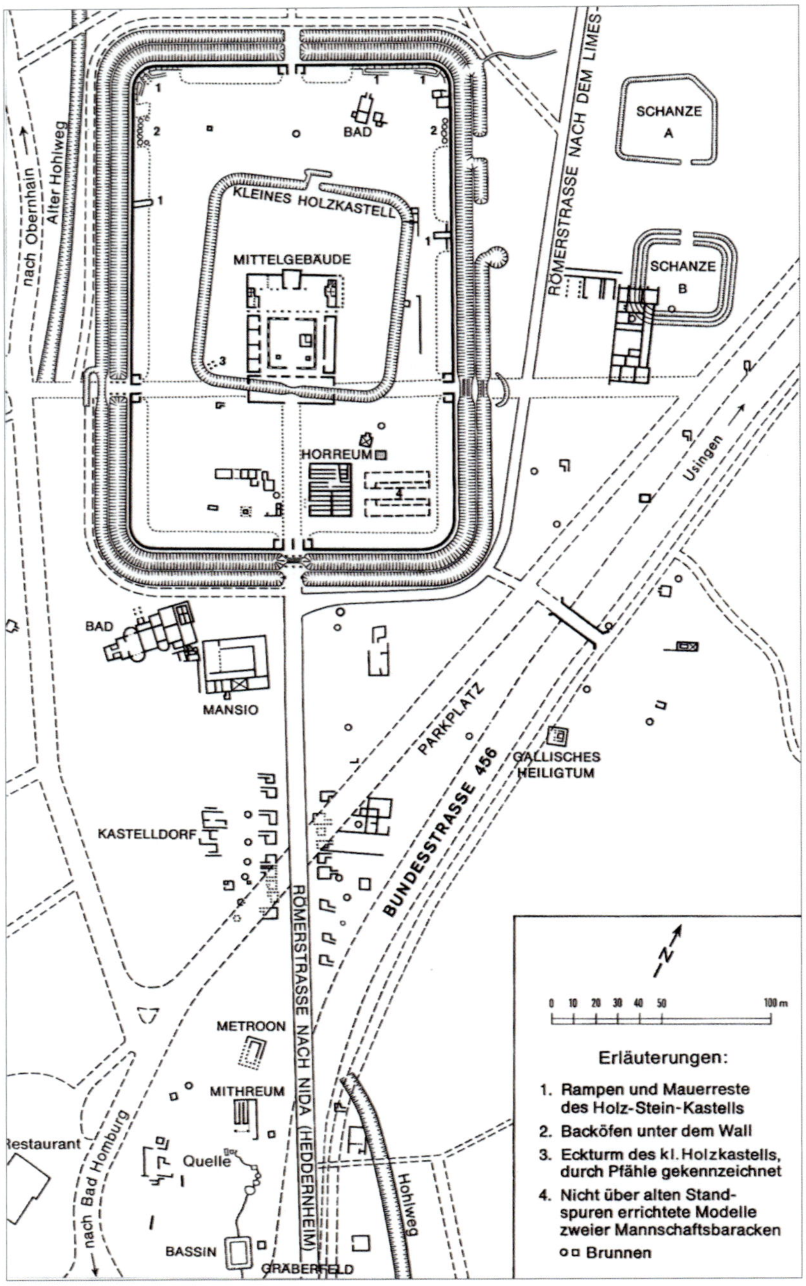

Gesamtplan des Kohortenkastells und der Vorgängeranlagen.

Pionierarbeit am Limes: Grabungen an der Limesmauer unterhalb des Holerkopfs durch die Reichs-Limeskommission.

Ein Stein als Initialzündung

Als zwischen 1721 und 1730 die Ruinen am Saalburgpass als Steinbruch für den Stollenbau des Fahrbornbergwerks herhalten mussten, wurde ein Inschriftenblock gefunden, der als Caracallastein bekannt geworden ist. Nach der Bergung 1723 ließ Landgraf Friedrich III. Jakob von Hessen-Homburg den Stein sofort im Weißen Turm seines Schlosses einmauern. Längst befindet sich der Originalstein im Saalburgmuseum, wo er im Fahnenheiligtum besichtigt werden kann. Im Weißen Turm ist allerdings immer noch eine Kopie zu sehen.

Der bewunderte Stein, der im Jahre 212 angefertigt wurde, bildete wahrscheinlich im Altertum den Sockel für die Statue des Kaisers Caracalla. Seine Auffindung 15 Jahrhunderte später kam einer Initialzündung für die Forschung am Taunuslimes gleich. Elias Neuhof (1724–1799), Fürstlich Hessen-Homburgischer Regierungsrat, nahm sich der Sache an. Er publizierte 1747 die Inschrift und erkannte: „Die Saalburg, so diesseit dem Polgraben lieget, ist ein viereckiger Platz, mit einem Graben umgeben und stellet uns eine Schantze der Römer für."

Die Erkenntnis mag banal klingen. Gemeinhin glaubte man aber, die Ruinen seien mittelalterlichen Ursprungs. Mit dem neuen Wissen bildete die Saalburg fortan den Schwerpunkt der Limesforschung im Taunus. Heinrich Jacobi, der spätere Direktor des Saalburgmuseums, kommentierte rückblickend: „Fast scheint in jener Zeit die Auffindung des vielbesprochenen Caracallasteins an der Saalburg den Anstoß zur Limesforschung gegeben zu haben."

Neuhof forschte auf der Saalburg intensiv weiter. Er führte Grabungen durch, publizierte eifrig und legte eine Sammlung mit Fundstücken an. Er gehörte zu den wenigen seiner Zeit, die sich überhaupt mit den römischen Resten beschäftigten. Man war etwas Besonderes, und so verwundert der Satz von Neuhof nicht, den wir schmunzelnd lesen: „Ich gebe mich daher lieber mit den alten Römern ab, die wenigstens nichts übeles von mir nachreden können, wenn ich schon wegen meinen Untersuchungen bald für einen Schatzgräber, bald aber für einen Teufelsbanner von dem Poebel gehalten werde, davon ich gar lächerliche Anmerkungen hier anbringen könnte."

Eine andere wichtige Persönlichkeit auf dem Gebiet der Limesforschung dieser Zeit war der Pfarrinspektor Georg Philipp Kraus (1713–1792) aus Idstein, der in seiner Arbeit „Umständliche Nachricht vom Zug des Polgrabens über das Gebirg von dem Ort Kemel bis an den Feldberg" im Hanauischen Magazin 1784 die erste zuverlässige Beschreibung dieses Limesabschnitts lieferte. Die verdienstvollen Arbeiten dieser Männer haben nachhaltig Einfluss auf andere ausgeübt.

Fragebögen an die Forstbeamten, Geld von der Spielbank

Zu denen, die von Neuhof und Kraus beeinflusst waren, zählt zweifelsohne der Wiesbadener Hofkammerrat Christian Friedrich Habel (1747–1814). Über seine Limesbegehungen, die auch die Strecke zwischen den Kastellen Alteburg-Heftrich und Saalburg umfassten, hinterließ er Aufzeichnungen. Das Interesse an der römischen Epoche übertrug sich auf seinen Sohn, Friedrich Gustav Habel (1792–1867). Bei der ersten Versammlung des Gesamtvereins der Deutschen Geschichts- und Altertumsvereine im Jahre 1852 gab Habel den Anstoß zur Wahl einer „Commission zur Erforschung des limes imperii Romani". Ihm war klar geworden, dass den römischen Grenzanlagen nur mit einer einheitlichen Forschung in Deutschland beizukommen sein würde. Von punktuellen Erfolgen abgesehen, misslang jedoch die erste Initiative für eine koordinierte Limesforschung.

Zwei Mitglieder der „Commission" aus Wiesbaden verdienen besondere Erwähnung: Karl August von Cohausen (1812–1894) und Wilhelm Ludwig August Freiherr von Preuschen von und zu Liebenstein (1806–1864). Beide starteten 1853 eine originelle Aktion. Sie teilten an Forstbeamte Fragebögen aus, um unbekannten Limesresten auf die Spur zu kommen. Währenddessen führte Habel zwischen 1853 und 1862 die ersten größeren Grabungen auf der Saalburg durch, die teilweise aus Erlösen der Homburger Spielbank bestritten wurden. Ab 1870 widmete sich von Cohausen Forschungen auf der Saalburg, die zur jahrzehntelangen, systematischen Ausgrabung des Platzes führten. Von Beginn an wurde er von dem Bad Homburger Architekt Louis Jacobi (1836–1910) unterstützt. Nach dem Tod von Cohausens leitete Jacobi die Grabungen zuerst alleine, später mit seinem Sohn, dem Baurat Heinrich Jacobi (1866-1946). Nach dem Tod von Louis Jacobi übernahm sein Sohn die Leitung. Das Kastell und die Umgebung sind vollständig erforscht worden. Die Auswertung der Grabungen, die in ihrem Umfang einmalig am Limes sind, ist bis heute nicht bewältigt worden. Theodor Mommsen (1813–1903), Althistoriker und Literaturnobelpreisträger, überzeugte inzwischen den Reichstag von der Notwendigkeit einer „Reichs-Limeskommission". Diese Kommission wurde 1892 eingesetzt und 1939 aufgelöst. Für die Recherchen zwischen Rhein und Donau wurden „Streckenkommissare" berufen. Dieses Amt wurde am Taunuslimes zunächst von Cohausen, der 1884 durch seine Dokumentation „Der römische Grenzwall in Deutsch-

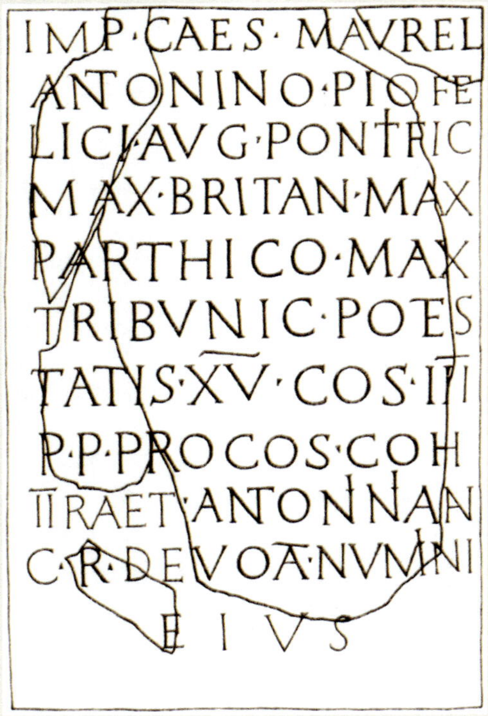

Inschrift des Caracallasteins

Der Caracallastein, der 1723 bei der Saalburg gefunden wurde, erregte viel Aufsehen. Er ist heute im Fahnenheiligtum des Saalburgmuseums zu besichtigen. Auf dem Steinsockel aus Basalt stand wahrscheinlich die Statue des Kaisers Caracalla, der von 211 bis 217 nach Christus das Römische Reich regierte.

Die Inschrift lautet:
IMP(eratori) CAES(ari) M(arco) AVREL(io) ANTONINO PIO FELICI AVG(usto) PONTIFIC(i) MAX(imo) BRITAN(nico) MAX(imo) PARTHICO MAX(imo) TRIBVNIC(iae) POTESTATIS XV CO(n)S(uli) III P(atri) P(atriae) PROCO(n)S(uli) COH(ors) II RAET(orum) ANTONINIANA C(ivium) R(omanorum) DEVOTA NVMINI EIVS

Übersetzung: Dem Kaiser Marcus Aurelius Antoninus (mit dem Beinamen ‚Caracalla'), dem Frommen, Glücklichen, Erhabenen, dem Oberpriester, dem größten Sieger über die Britannier und Parther, im 15. Jahre seiner tribunizischen Amtsgewalt, unter seinem dritten Konsulat, dem Vater des Vaterlandes, dem Prokonsul, hat die zweite Raeterkohorte römischer Bürger, die antoninische, seiner Majestät ergeben (dieses Denkmal errichtet).

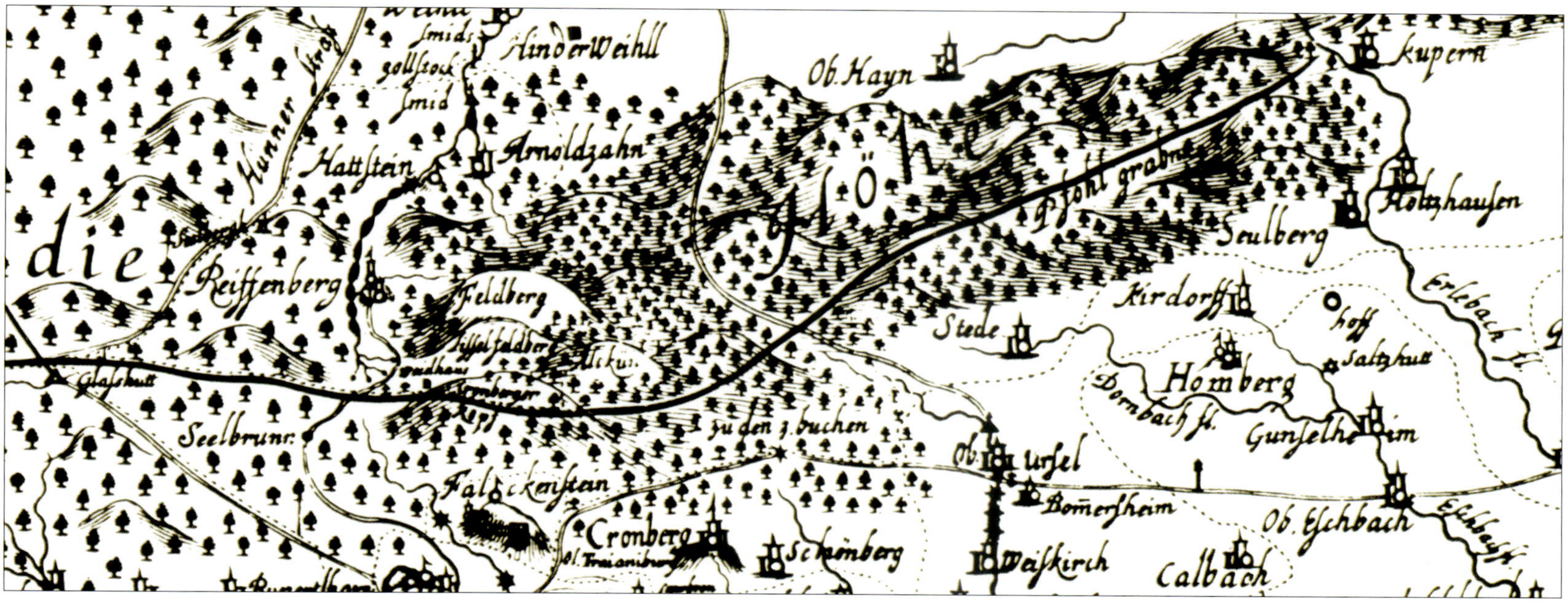

Erste zusammenhängende Kartierung des Limes im Hochtaunus aus dem Atlas des Erzbistums Mainz von 1689/90.

land" zusätzlich hervorgetreten war, und Louis Jacobi, dem nach seinem Tod Sohn Heinrich als Streckenkommissar folgte, übertragen. In dieser Zeit wurde zum ersten Mal systematisch geforscht und an fast allen Kastellplätzen und Turmstellen gegraben. Die Ergebnisse sind in einem vierzehnbändigen Werk publiziert worden. Noch heute bildet das Opus die Grundlage wissenschaftlicher Beschäftigung mit dem Limes. Der Nachlass der Reichs-Limeskommission ist bis heute eine Fundgrube für die Forschung.

> Der Nachlass der Reichs-Limeskommission ist bis heute eine Fundgrube für die Forschung.

Blicken wir noch einmal zurück: Die Preußische Akademie der Wissenchaften musste 1748 im Rahmen ihrer „Preisaufgabe" überhaupt erst einmal die Frage stellen, „wie weit der Römer Macht, nachdem sie über den Rhein und die Donau gesetzt, in Deutschland eingedrungen, was vor Merkmale davon ehemals gewesen und etwa noch vorhanden" seien. Erst wenige Jahrzehnte zuvor waren Karten erstellt worden, die eine Vorstellung von dem Verlauf des Limes geben konnten. Die erste Karte, auf der der Limes im Taunus zusammenhängend dargestellt wurde, findet sich in dem Atlas des Erzbistums Mainz, der von Nicolaus Persson unter dem Titel „Novae Archiepiscopatus Moguntini Tabulae" um 1689/90 herausgegeben wurde.

In diesem Zusammenhang ist erwähnenswert, dass erst vor zwei Jahren im Hauptstaatsarchiv Wiesbaden eine Karte mit der Darstellung der Gemarkung von Kröftel und den angrenzenden Gebieten entdeckt wurde, die auch den Limes bei Glashütten zeigt. Es handelt sich bei dem Blatt aus der zweiten Hälfte des 16. Jahrhunderts um die älteste Kartierung des Limes, die wir bislang kennen. Allerdings zeigt die Karte nur ein kleinräumiges Gebiet.

Vor den Versuchen der kartographischen Erschließung liegt die erste große Beschreibung des Limes im Taunus. Johann Just Winckelmann verfasste zwischen 1654 und 1657 seine „Gründliche und warhafte Beschreibung der Fürstenthümer Hessen und Hersfeld", die 1697 erschienen ist. Der nächste Schritt zurück führt in eine Zeit, in der das Interesse an der Antike erwacht. Wir sind im 15./16. Jahrhundert, im Zeitalter des Humanismus, angekommen.

Ein Vertreter der neuen Geisteshaltung, die in der Antike ihren Bezugspunkt hat, ist Erasmus Alberus (um 1500–1553), ein Freund Martin Luthers. Alberus war von 1522 bis 1527 Lehrer in Oberursel und kannte den Limes aus eigener Anschauung. In seinen Fabeln beschrieb er um 1550 den Limes wie folgt: „Den Graben man noch sehen kann. Er wird genannt von jedermann der Polgrab' und zur linken Hand reicht er bis an das Hessenland, zur rechten Hand bis an den Rhein. Das kann ein langer Polgrab' sein."

Die Werke römischer Autoren wurden wieder entdeckt. Beispielsweise fand man die „Germania" des Tacitus 1455 im Kloster Hersfeld. Es setzten nun die Versuche ein, die in den Schriften genannten Orte zu lokalisieren. Ein Resultat ist die Umbenennung des Gebirges, das „die Höhe" genannt wurde, in „Taunus".

Nun suchte und fand man die Antike vor Ort und damit auch den Limes. Richtiger ist es zu sagen: Diese Epoche entdeckte nun den Limes für sich. Denn auch dem Zeitalter zuvor wird er als bloße Erscheinung nicht unbekannt geblieben sein. Nur bringt man dem Monument jetzt eine Wertschätzung entgegen, die bis heute andauert. Die Werte des Humanismus bilden eine Grundlage unserer Kultur. Aus dieser Geisteshaltung bezog und bezieht die einschlägige Forschung ihre Kraft.

Stephan Bender

Die Toga zeichnete den „echten“ Römer aus. Nur wer das römische Bürgerrecht besaß, durfte dieses Kleidungsstück tragen.

Die Toga macht den Römer

Kleider machen Leute“ – auch in römischer Zeit gab es, wie heute, ethnische und soziale Unterschiede, die sich in der Kleidung ausdrückten. Zwar gab es Kleidungsstücke, die man im gesamten Römischen Reich kannte, viele Völker hatten aber auch nach ihrer Unterwerfung ihre Tracht beibehalten. Dies war nicht allein Ausdruck kultureller Eigenständigkeit – Rom ließ den unterworfenen Völkern in dieser Hinsicht viele Freiheiten –, sondern ergab sich oft aus praktischen Gründen, wie zum Beispiel klimatischen Gegebenheiten: Immerhin umfasste das römische Imperium in der Zeit seiner größten Ausdehnung das Gebiet von Gibraltar im Westen bis zum Persischen Golf, von Britannien im Norden bis an die Wüstenregionen Nordafrikas.

Das universelle Kleidungsstück der römischen Zeit war die tunica. Ihr Schnitt entsprach in etwa dem eines heutigen T-Shirts. Tuniken gab es sowohl mit als auch ohne Ärmel, oft waren sie verziert mit so genannten clavii, Streifen, die von den Schultern zum Saum liefen, oder anderen Ornamenten, die zumeist eingewebt waren. Die Tunika wurde als Untergewand getragen, konnte aber auch als Oberbekleidung dienen. Kinder trugen in der Regel nur die Tunika. Die römische Dame trug sie knöchellang, bei den Herren reichte sie ungefähr bis über die Knie.

Besaß ein Mann das römische Bürgerrecht, so trug er über der Tunika die Toga, eine bis zu vier Meter lange Stoffbahn, deren unterer Saum gerundet war und die in einer aufwändigen Prozedur um den Körper geschlungen wurde. Dabei war man auf die Hilfe eines Dieners angewiesen, um den korrekten Faltenwurf zu erreichen. Die Damen der römischen Gesellschaft trugen über der Tunika eine weitere, die genau wie die erste geschnitten war. Darüber folgte die so genannte palla, ein rechteckig geschnittenes Stoffstück, das – ähnlich dem indischen Sari – um den Körper geschlungen wurde.

Ein anderes weit verbreitetes Kleidungsstück war die so genannte stola, ein an Schultern und Füßen offener Stoffschlauch, der bei ausgestreckten Armen bis zu den Fingerspitzen reichte. Die Stola wurde durch schmale Träger über den Schultern fixiert und an der Hüfte mit einem Gürtel zusammengefasst.

Auch Unterwäsche wurde in römischer Zeit schon getragen. Das „Darunter“ der Herren kann mit den Hosen der Sumo-Ringer verglichen werden. Lange Stoffbahnen wurden um die Hüften gewickelt und von hinten nach vorne durch den Schritt und am Bauch durch den gewickelten Stoff gezogen und so befestigt. Die Damenunterwäsche hatte mehr an Reizen zu

Die Tunika war das Untergewand der Römer, Soldaten trugen sie aber auch als Oberbekleidung (links).

Die „Bikini-Mädchen" (rechts): In dieser Unterwäsche wurde auch Sport getrieben. Als Bikini-Oberteil diente ein Stoff- oder Lederstück, das um den Oberkörper gewickelt wurde.

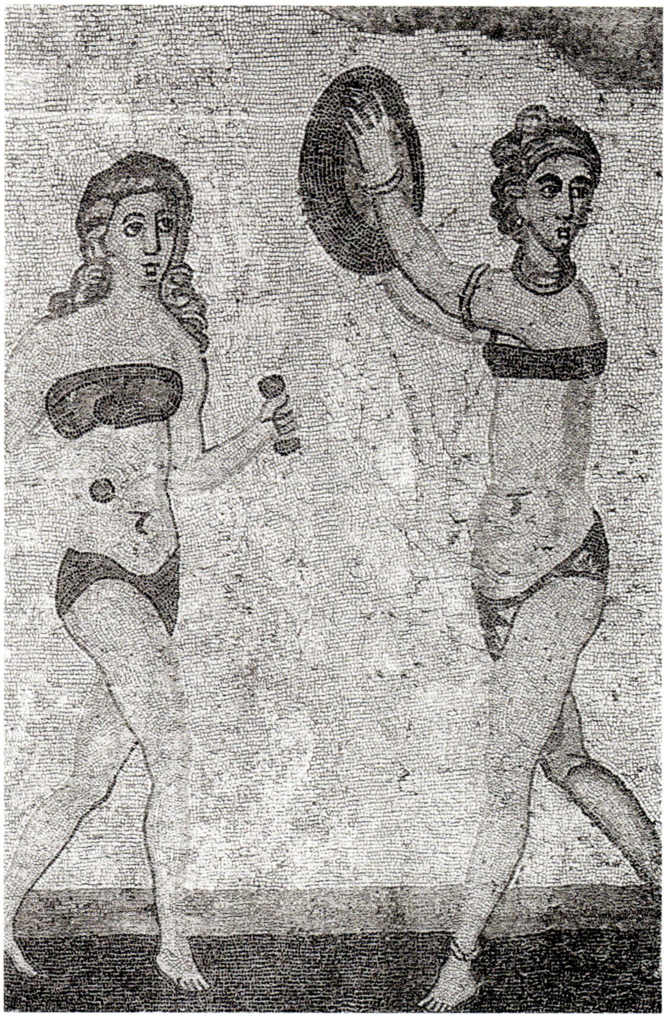

bieten. Die so genannten Bikini-Mädchen zeigen, dass die Unterwäsche auch zum Sport getragen wurde.

Aus einem römischen Brunnen in London stammt eine Damenunterhose, deren Schnitt denen der Bikini-Mädchen entsprach und aus feinstem Ziegenleder gefertigt worden war. Als BH wurde eine Brustbinde, das strophium, getragen. Sie wurde als langrechteckiges Stoff- oder Le-derstück um den Oberkörper gewickelt.

Außer diesen im gesamten Reich anzutreffenden Kleidungsstücken existierten in den Provinzen des Römischen Reiches spezifische Trachten, mit denen die dort lebenden ethnischen Gruppen nach außen ihre Identität zum Ausdruck brachten. So zeigen zum Beispiel bestimmte Fibeln, die Gewandspangen der Antike, durch unverwechselbare Merkmale die Herkunft des Trägers an. In römischer Zeit besaßen Teile der Bevölkerung bereits eine relativ große Mobilität, die durch die Infrastruktur, wie zum Beispiel das gut ausgebaute Verkehrswegesystem und die daraus resultierenden Möglichkeiten für einen überregionalen Handel, aber vor allem durch das Militär mit seinen häufigen Versetzungen unterstützt wurde.

Durch Funde weiß man, dass die Menschen auch in der Fremde noch über einige Generationen hinweg an Eigenarten ihrer Tracht festhielten. Eine der bekanntesten Darstellungen einer einheimischen Tracht in unserer Region ist die des Schiffers Blussus und seiner Frau Menimane aus der ersten Hälfte des 1. Jahrhunderts nach Christus. Ihr Grabstein, der 1848 in Mainz-Weisenau gefunden wurde, ist eine der wichtigsten Quellen zur Kleidung in den germanischen Provinzen. Nach dem Tod ihres Mannes ließ Menimane ihn, sich selbst und eine weitere Person, vermutlich ihren Sohn, auf dem Grabstein darstellen. Das Relief zeigt das Paar mit allen Details ihrer Tracht. Der Grabstein verrät, dass die beiden, obwohl sie kein römisches Bürgerrecht besaßen, einem gehobenen Stand angehörten. Menimane trägt ein langärmliges Gewand aus weich fließendem Stoff, welches eng am Körper anliegt. Am Hals weist es eine für römische Zeit untypische Kräuselung auf, die durch einen Halsreif gehalten wird. Die Ärmel enden in lan-

Gewandspangen zeigten durch unverwechselbare Merkmale die Herkunft des Trägers an.

gen, umgeschlagenen, geschlitzten Manschetten. Das Kleid ist ein schlauchartiges Stoffstück, das über den Schultern mit je einer Fibel zusammengehalten wird. Mit einer dritten Fibel ist das weite Gewand über der Brust befestigt, wodurch ein schwungvoller Faltenwurf entsteht. Als Mantel trägt sie ein vermutlich rechteckiges Stoffstück, das ebenfalls von einer Fibel über der Schulter gehalten wird.

Blussus trägt eine Tunika mit kurzen, weiten Ärmeln. Sie entsprach wohl in der Länge den römischen Tuniken und war in der Hüfte gegürtet. Darüber trägt er einen ponchoartigen Mantel mit Kapuze und einen dicken Schal. Als Materialien für die Kleidung wurden in erster Linie Wolle und Leinen verwendet. Baumwolle war zwar schon bekannt gewesen, aber auf Grund des weiten Transportweges sehr teuer. Ebenso verhielt es sich mit Seide. Wollte man Seide tragen, dennoch aber ein wenig am Geld sparen, so konnte man auch auf Seide-Leinen-Mischgewebe zurückgreifen.

Kleidung in römischer Zeit muss man sich sehr farbenfroh vorstellen. Farbige Kleidung bot zum einen die Möglichkeit, seinen Reichtum nach außen darzustellen, da leuchtende, intensive Farben in der Regel sehr teuer waren, es entsprach aber andererseits auch dem Geschmack der da-maligen Zeit. Bestimmte Farben, wie zum Beispiel Purpur, ein aus Meeresschnecken gewonnener Farbstoff, waren sogar bestimmten Bevölkerungsgruppen vorbehalten.

Auf Grund der Vergänglichkeit organischer Materialien sind uns nur relativ wenige Stofffragmente erhalten geblieben. Daher sind wir auf bildliche Darstellungen und Schilderungen in den Schriftquellen angewiesen.

Dennoch belegen Funde, dass die Technik der Stoffproduktion hoch entwickelt war. Im Fundmaterial der Saalburg befinden sich fünf Fragmente von Wollgewebe, die 1885 in einem Brunnen des Lagerdorfes gefunden wurden. Die Textilfragmente sind von dunkelbrauner Farbe. Dies ist jedoch nicht die ursprüngliche Farbe des Stoffes. Die Fäden sind in Leinwandbindung verbunden. Die Schussfäden sind sehr dicht aneinander geschlagen und verdecken die Kettfäden fast völlig. Es handelt sich bei den Fragmenten um Stoff von sehr hoher Qualität. Die Fäden sind sehr fein und gleichmäßig gesponnen. Die Tatsache, dass die Kettfäden in eine Richtung, die Schussfäden in eine andere Richtung gesponnen wurden, ist Zeichen einer raffinierten Technik, die einen besonders festen Stoff garantiert.

Britta Hallmann-Preuß

Die Kleidung in den römischen Provinzen war überaus farbenfroh. Auf diese Weise konnten die Träger den eigenen Wohlstand zur Schau stellen. Je leuchtender die Farben, umso wertvoller der Stoff. (rechts)

Der Grabstein des Schiffers Blussus und seiner Frau Menimane gilt als wichtige Quelle zur Kleidung in den germanischen Provinzen des Römischen Reiches. (unten)

„Zu leben, heißt zu kämpfen“

Wieder einmal dröhnt das Geräusch schwerer Schritte durch das Kastell. Dieses Geräusch und die dazu gerufenen lateinischen Befehle lassen die Zuschauer zur Seite weichen. Römische Soldaten sind im Anmarsch. Allein der Anblick von einem Dutzend Soldaten lässt dem Beobachter schon einen kalten Schauer über den Rücken laufen. Wie groß muss erst die Ehrfurcht gewesen sein vor einer 500 Mann starken Kohorte oder einer Legion, die gut und gerne bis zu 6000 Mann umfasste? Doch das Szenario geht weiter. Eisenbenagelte Soldatenstiefel knirschen auf dem Kies. Schwerter schlagen gegen die metallenen Beschläge der Rüstungen, und die schweren Schilde liegen scheinbar leicht in den Händen der Männer. Dazu kommen ernst blickende Gesichter, halb hinter einem massiven Eisenhelm verborgen, und im Anschlag befindliche Lanzen. Dann auf einmal stoßen die Soldaten einen lauten Schrei aus und stürmen nach vorne. Ein Ruck geht durch die zuschauende Menge am Rand, und schließlich, als die Männer innehalten und lachen, atmen die Zuschauer erleichtert auf. Alles nur gespielt.

Was hier vorgeführt wird, ist gelebte Geschichte im Saalburgmuseum. Das rekonstruierte Römerkastell am Limes in der Provinz, die die Römer Obergermanien genannt haben, bietet den idealen Rahmen für solche Veranstaltungen. Denn das Leben der Menschen, die hier innerhalb und außerhalb der Mauern gewohnt haben, war geprägt vom hier stationierten Militär.

Allein die Ausgrabungen vor über hundert Jahren haben Millionen von Fundstücken zu Tage gefördert, die uns heute noch ermöglichen, daran Forschung zu betreiben. In den Magazinen des Museums lagern Eisenreste, die zum Teil nur noch schwer als Lanzenspitzen, Wurfgeschosse, Dolche, Schwerter oder Rüstungsteile zu identifizieren sind.

Manchmal gleicht die Erfassung der Stück kriminalistischer Detektivarbeit, und viele dieser Funde warten noch immer auf eine ihnen gebührende Aufarbeitung, die in naher Zukunft auch folgen wird. Doch

Eindrucksvoll sahen die römischen Soldaten aus. Allerdings hatten sie schwer zu tragen. Alleine das Kettenhemd konnte bis zu zehn Kilo wiegen.

Ein verrostetes Kettenhemd (links), aufgefundene Schwertklingen (rechts) und Reste von Schuhsohlen und Sandalen der römischen Legionäre (unten) haben sich auf der Saalburg erhalten.

was kann man überhaupt erwarten, wenn man die Schubladen des Magazins aufzieht und einen Blick hineinwirft? Viele stehen vor dem rekonstruierten römischen Soldaten und wundern sich, dass dieser sich doch so vollkommen von dem unterscheidet, was sie eigentlich erwartet haben.

Filme wie zum Beispiel Quo Vadis, Spartacus, Ben Hur und Kleopatra oder aber die Asterix-Comics haben das Bild von einem römischen Soldaten in der breiten Masse geprägt. Dadurch ist man mit den römischen Elitetruppen, den Legionen, vertraut gemacht worden, doch die Grenzsoldaten, wie sie am Limes und auf der Saalburg stationiert waren, unterschieden sich gerade im 1. und 2. Jahrhundert in ihrer Ausrüstung und Bewaffnung von den Legionären. Insgesamt waren im Römischen Reich eine halbe Million Soldaten stationiert. Vor allem an den Grenzen musste die Bewachung und Kontrolle gewährleistet sein.

Nicht jeder weiß, dass man gerade hier vor allem die so genannten Auxiliare einsetzte: Hilfstruppen, die aus den umliegenden Provinzen rekrutiert wurden, die zumeist nicht das römische Bürgerrecht besaßen und für 25 Jahre ihren Dienst beim Militär ableisteten. Die Waffenarten sind für die Legionen und auch für die Hilfstruppen der Kaiserzeit in vielfältigen Formen überliefert. Unter anderem durch Abbildungen auf Grabsteinen, um deren Anfertigung so mancher Soldat sich schon zu Lebzeiten gekümmert hat. Die Kleidung an sich war dem Hilfstruppensoldaten und dem Legionär jedoch gemeinsam und unterschied sich nicht sehr voneinander. So trugen beide zum Beispiel eine tunica, ein einfaches Grundkleidungsstück, welches in der Taille gegürtet war und dem Soldaten bis kurz über das Knie reichte. Gerade in den kalten Regionen, wie hier in Germanien, trugen viele Soldaten zudem ein Halstuch aus festem Wollstoff, genannt focale. Dieses Tuch verhinderte auch, dass man sich am schweren Brustpanzer aus Metall wund scheuerte.

Hosen indes galten bei den Römern als „barbarisch“ und wurden zunächst nur bei den Hilfstruppen getragen. Diese feminalia bestanden in der Regel aus Leder und waren enge Kniehosen. Neben diesen sind auch die langen Hosen (bracae) überliefert. Bis zum Beginn des 2. Jahrhunderts nach Christus galten die caligae, die genagelten Soldatensandalen, als typisches Schuhwerk. Ein längerer Wintermarsch jedoch ist in den Sandalen kaum vorstellbar, und so wurden gegen Ende des 2. Jahrhunderts die geschlossenen Schuhe, die so genannten calcei, bevorzugt getragen. Selbst Gamaschen oder auch Wollstrümpfe, um sich im rauen Klima nicht die Zehen abzufrieren, sind überliefert.

Je nach Witterung gehörte natürlich auch das sagum, der dicke, strapazierfähige Soldatenmantel zur Ausrüstung. Dieser bildete dann vor allem nachts die römische Variante eines Schlafsacks, in den man sich einwickeln konnte, um sich vor der Kälte zu schützen. Die Erhaltungsbedingungen von Lederresten auf der Saalburg waren vor allem durch die vielen Brunnen auf dem Taunuspass begünstigt. Insgesamt finden sich auf dem Areal 99 verschieden tiefe Brunnen. Die Brunnen trockneten schnell aus, sodass man neue graben musste. Die alten wurden vornehmlich als Abfallgruben verwendet. Landete nun ein kaputter Soldatenschuh darin und wurde mit der Zeit immer mehr Abfall daraufgekippt, so verbesserten sich die Erhaltungsbedingungen dadurch, dass an die unteren Schichten kein Sauerstoff mehr gelangen konnte. In einer feuchten, sauerstofffreien Umgebung können sich organische Materialen sehr viel besser erhalten als in der aggressiven Erde. Aus dem Grund kann man heute in den Vitrinen der Saalburg auch eine stattliche Sammlung von Soldaten- und Zivilistenschuhen bewundern.

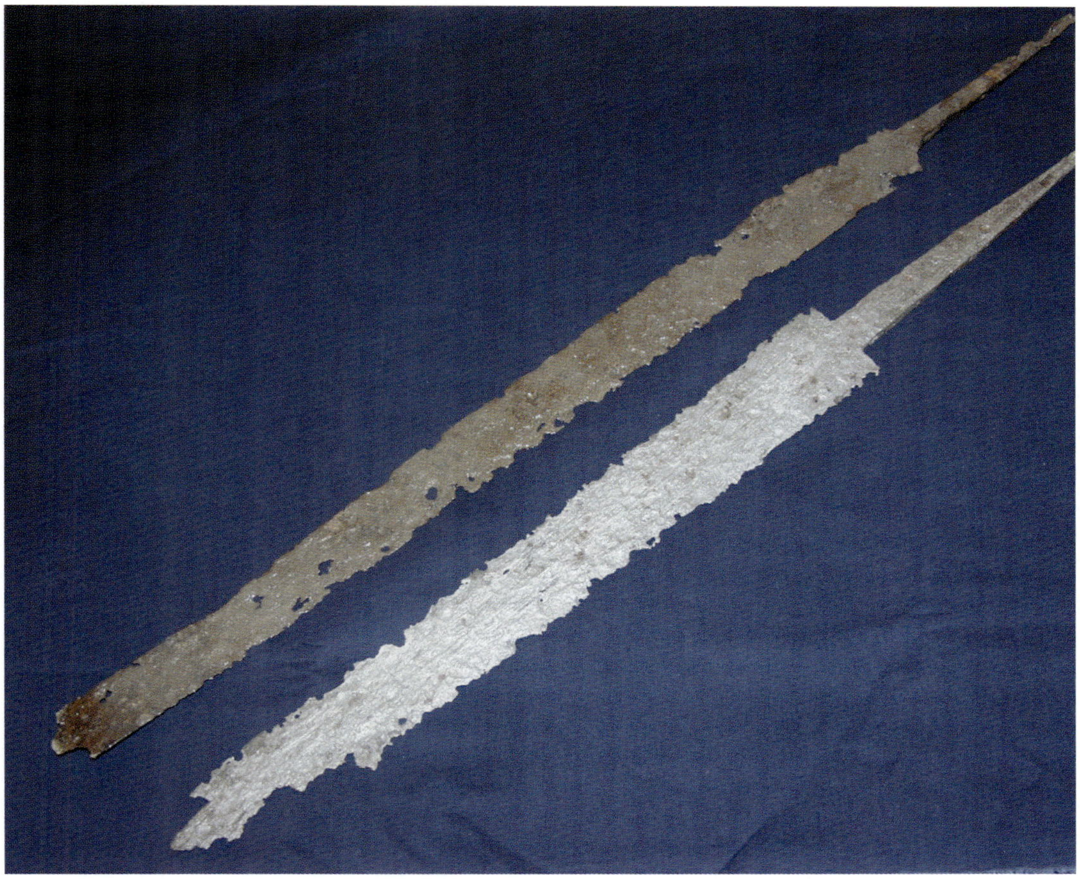

Betrachtet man die Verteidigungs- und Angriffswaffen der Soldaten, so stellt man schnell fest, dass Legion und Hilfstruppen sich hierin zunehmend voneinander unterscheiden. Bei den getragenen Helmen fällt der Unterschied noch nicht so recht auf. Die Tendenz reicht von leichten offenen Helmen im 1. Jahrhundert zu den schweren geschlossenen Helmen des 3. Jahrhunderts. Bronze war zu Beginn als Material sehr beliebt, später jedoch herrschten die eisernen Helmtypen vor, die weiter in den Nacken gezogen waren und einen besseren Schutz vor Schwerthieben boten. Durch Scharniere beweglich gemachte Wangenklappen schränkten zwar das Sichtfeld extrem ein, gewährleisteten aber einen erheblich besseren Schutz im Kampfgetümmel.

Der eigentliche Körperschutz aber war durch den Panzer gegeben. Die römische Armee kannte verschiedene Körperpanzer, die unterschiedlich stark verbreitet waren. Die überwiegende Mehrheit der Fußsoldaten trug vom 1. bis 3. Jahrhundert den Kettenpanzer (lorica hamata), der von den Galliern übernommen worden war. Diese Kettenhemden bestanden aus unterschiedlich vielen kleinen Eisenringen, die aneinander genietet einen wirklich guten Schutz vor diversen Attacken boten. Je nach Größe konnten dies bis zu 40 000 kleine Ringe sein. Je mehr Ringe, umso schwerer wurde das Hemd. Um die sechs bis zehn Kilo Gewicht waren keine Seltenheit. Der Kettenpanzer wurde vornehmlich von Auxiliaren und nicht von Legionären getragen, denn mit der Zeit war ein ganz neuer Panzertyp, der Schienenpanzer, die lorica segmentata, aufgetreten. Im Gegensatz zum Kettenhemd handelt es sich hierbei um eine römische Erfindung.

Über dem Körperpanzer trug der Soldat immer den Militärgürtel. Das cingulum war zum einen das Symbol des Soldatenstandes, zum anderen waren daran der Dolch (pugio) und zu Beginn des 1. Jahrhunderts auch das Kurzschwert, der bekannte gladius befestigt. Um die Mitte des 2. Jahrhunderts nach Christus wurde dieses klassische römische Kurzschwert vom Langschwert (spatha) abgelöst, das vorher nur von der Reiterei getragen wurde. Verließ ein Soldat das Kastell in seiner freien Zeit, verzichtete er natürlich auf seine schwere Ausrüstung, jedoch niemals auf seinen Militärgürtel. So konnte man von weitem schon erkennen, dass es sich bei ihm um einen Soldaten handelte. Schwert, Schild, Dolch und Lanze komplettierten die Ausrüstung. Insgesamt wog sie gut und gerne 30 bis 35 Kilo und umfasste auch noch das zusätzliche Gepäck, das ein Soldat auf einem Tagesmarsch von 30 Kilometern mit sich tragen musste.

Insgesamt wog die Ausrüstung eines Soldaten gut und gerne 30 bis 35 Kilo.

Und weil die Ausrüstung nicht nur einen funktionalen Charakter haben sollte, legte der eine oder andere Soldat viel Wert darauf, dass er auch optisch seinem Stand als Militär entsprach. Viele der Ausrüstungsteile, vor allem die Scheiden von Dolch und Schwert, aber auch Gürtelbeschläge und Riemenverschlüsse waren aufwändig verziert und für die damalige Zeit wahrscheinlich recht wertvoll.

Zumeist sind es nur spärliche Reste, die sich im Boden finden und die einen Eindruck vermitteln, über welche Kunstfertigkeit die römischen Handwerker verfügt haben müssen. Blank poliert und geschrubbt muss die Ausrüstung eines römischen Soldaten einen respektablen Eindruck gemacht haben.

Ein Rätsel bleibt jedoch, welches uns die Auxiliare auf der Saalburg hinterlassen haben: Unter den vielen Waffenresten, die in und um das Kastell gefunden wurden, sind auch einige Wurflanzen, die untypisch sind für die Hilfstruppen.

Die Rede ist von einem pilum. Diese Waffe unterscheidet sich nicht nur im Aussehen von anderen Lanzen. Die kurze, pyramidenförmige Spitze des pilum geht in einen langen, zumeist vierkantigen Eisenschaft über, der in etwa ein Drittel der Gesamtwaffenlänge einnimmt. Außerdem ist der Schaft aus weichem Metall geschmiedet und wird aus einer geschlossenen Formation heraus auf den Gegner geworfen. Trifft die Waffe nun auf einen Schild, so bohrt sich die pyramidenförmige Spitze durch das Holz und verkeilt sich. Der Schild wird nutzlos, weil man die Lanze nicht mehr herausziehen kann, und muss weggeworfen werden. So war der Gegner dem Ansturm der Legionsformation schutzlos ausgeliefert. Traf man jedoch nicht, dann schlug die Waffe auf dem Boden auf, und das weichgeschmiedete Metall verbog sich. Es wurde unbrauchbar. Der Gegner konnte so die Waffe nicht auf die eigenen Reihen zurückwerfen. Als sich die Kampftaktiken in der Spätphase ab dem 2. Jahrhundert änderten, wurde das pilum nutzlos und war nicht mehr länger in Gebrauch.

Dies allein stellt nun aber nicht das Problem dar. Man muss jedoch wissen, dass das pilum überhaupt die Spezialwaffe der römischen Legionen war, und wie wir zuvor schon festgehalten haben, waren am Limes ausnahmslos Hilfstruppen stationiert gewesen. Wie also gelangten diese pila zur Saalburg? Wurden sie vielleicht bei der Errichtung des Limes um 83 nach Christus verloren, als der römische Kaiser Domitian das Teilstück Germaniens mit Hilfe von vier Legionen eroberte, oder kamen im Laufe der Jahre bis 260 nach Christus Legionäre vom nahen Legionsstandort Mogontiacum (Mainz) zur Saalburg und vergaßen ihre Waffen auf dem Rückweg?

Dies ist nur eine der vielen Fragen, die noch nicht geklärt sind und die der Aufarbeitung harren. In der Zwischenzeit jedoch ziehen sich unsere Soldaten in ihre Zelte zurück, stellen ihre Schilde zur Seite, nehmen die Helme ab und helfen sich gegenseitig, die schweren Körperpanzer auszuziehen. Später beantworten sie geduldig die Fragen der faszinierten Zuschauer und hoffen, dem Laien ein wenig römisches Militärleben näher gebracht zu haben. Marion Nickel

Badefreuden der Frauen: Es waren keineswegs nur die Männer, die sich in den römischen Bädern der Körperpflege widmeten.

Von allen Seiten wirrer Lärm

Für die Römer galt das Baden als etwas Selbstverständliches, es gehörte zum Tagesablauf und war Bestandteil des gesellschaftlichen Lebens. Es gab keine römische Stadt ohne Thermen, und selbst die kleineren Limeskastelle besaßen ihr eigenes Badegebäude. Dies gilt auch für die römischen Militärlager am Taunus-Limes. Meist lagen diese Badeanlagen außerhalb der Lager. Da die Wasserversorgung verständlicherweise eine zentrale Rolle für den Betrieb einer Badeanlage spielte, befanden sich die Badeanlagen der Kastelle oftmals in der Nähe von Quellen. So lag das Bad des Kastells Zugmantel an der Aarquelle und die Badeanlage des Feldbergkastells nahe der Weilquelle.

In den großen Badeanstalten herrschte ein geselliges Treiben. Ein ständiges Kommen und Gehen, Schreien und Rufen, Spiel und Sport beherrschten die Atmosphäre. Die ursprüngliche Funktion des Bades, Befriedigung eines hygienischen Bedürfnisses, wurde durch den Wunsch nach Geselligkeit und vergnüglicher Unterhaltung ergänzt. Frauen und Männer badeten in aller Regel getrennt, zu jeweils unterschiedlichen Zeiten.

Bereits das um 90/100 nach Christus errichtete Numeruskastell der Saalburg besaß im Norden vor dem Kastell ein kleines Badegebäude mit unterschiedlich temperierten Räumen. Mit dem Bau des ersten Kohortenkastells um 135 nach Christus wurde eine größere Badeanlage notwendig, die nur wenige Meter südlich vor der Kastell-Umwehrung entstand und eine Länge von 41,5 Metern besaß. Es finden sich alle für einen römischen Badevorgang notwendigen Einrichtungen. Die einzelnen Räumlichkeiten bestanden aus einem Warmbad (Caldarium), zwei lauwarmen Durchgangsräumen (Tepidaria), einem unbeheizten Kaltbad (Frigidarium) und einem Schwitzraum (Laconicum/Sudatorium). Hinzu kam noch ein Eingangs- und Umkleideraum (Apodyterium), der oftmals nicht massiv aufgemauert war, sondern aus einer hölzernen Vorhalle bestand. An der südlichen Schmalseite des Umkleideraumes findet sich noch ein kleiner Anbau, der analog zu anderen Badeanlagen wohl als Toilette (Latrina) gedient hat. Die Wasserspülung unter den hölzernen Sitzbänken erfolgte durch das Brauchwasser, das durch einen Kanal vom Kaltbaderaum in den Außenbereich floss. Durch den ständigen Durchfluss kam es kaum zu Geruchsbelästigungen. Der persönlichen Reinigung dienten Schwämme, die an einem Holzstiel befestigt waren. Der Schwamm wurde in eine vor den Füßen gelegene Rinne mit ständig fließendem Wasser eingetaucht und nach der Benutzung auch dort gesäubert.

Die Erwärmung der beheizbaren Räume erfolgte durch von außen zu bedienende Heizkammern (Praefurnia). Dort wurde durch die Verbrennung von Holz oder Holzkohle Luft erhitzt

Einblicke in die Badegewohnheiten der Römer (oben): Das Modell zeigt, wie ein Kastellbad einst ausgesehen hat. Den Besuchern ging es nicht nur um Hygiene, sie suchten hier auch Vergnügen und Unterhaltung.

Die Besucher eines römischen Bades hatten oft ein Badeset dabei (rechts). Darin befanden sich kleine Fläschchen aus Glas, die mit Öl gefüllt waren. Auch das abgebildete Bronzeköpfchen gehörte zu einem Gefäß, das dem gleichen Zweck diente. Der Schaber wurde benutzt, um nach dem Schwitzbad den Schmutz vom Körper abzureiben.

und strömte in Hohlräume zwischen kleinen aufgemauerten Pfeilern aus Ziegelplatten. Die heiße Luft erwärmte den Fußboden und zog dann über Abzugskanäle, die meist in den Ecken der Räume lagen, nach oben ins Freie. Eine deutlich verbesserte Heizwirkung konnte durch die Verwendung von Hohlziegeln (Tubuli) erreicht werden, die senkrecht in der Wand eingemauert wurden. So konnte die heiße Luft zusätzlich zum Fußboden auch die Wände erwärmen und über einen oberen Heizkanal ins Freie entweichen. Geheizt wurden die Badeanlagen an der Rückseite des Warmbaderaumes (Caldarium).

Über der Feuerstelle hinter dem Warmbaderaum stand meist ein Warmwasserkessel aus zusammengenieteten Bronzeblechen. Durch diesen Kessel wurde die Badewanne des Warmbaderaumes mit warmem Wasser versorgt. Ein bronzener, halbrunder Schacht, der wegen seiner Form Schildkröte (Testudo) genannt wurde, war nur zur Badewanne hin offen und lag über der Heizstelle. Dadurch erwärmte sich das Wasser in dem „Panzer" der „Schildkröte" und sorgte dafür, das Beckenwasser auf Temperatur zu halten.

Außer der unterschiedlichen Erwärmung der einzelnen Räumlichkeiten waren weitere technische Einrichtungen zu berücksichtigen. So musste man die Entwässerung durch Kanäle sicherstellen. Bei den großen Thermenanlagen erfolgte die Versorgung mit Frischwasser über Wasserleitungen, die oft von weither die Wasserversorgung gewährleisteten. Wo dies nicht möglich war, musste man versuchen, Oberflächenwasser in Zisternen zu speichern. Von dort wurde es dann in Wannen, Becken und Kesselanlagen geleitet. Um bei entsprechend großen Lichtöffnungen einen Wärmeverlust in den einzelnen Räumen weitgehend zu vermeiden, mussten die Fenster verglast sein. Um die Wärmeisolierung zu verbessern, wurden oftmals Fenster mit Doppelverglasung verwendet.

Während des Badevorgangs besuchte man die unterschiedlich temperierten Räume mit ihren Wasserwannen. Der Badende betrat bei einer Anlage vom „Reihentyp" – wie im Kastellbad der Saalburg – zunächst den Umkleideraum und konnte dort seine Kleidung in einem Wandfach ablegen. Der eigentliche Badevorgang begann im Warmbaderaum, wo Becken mit warmem Wasser bereitstanden. Der weitere Weg führte über die nur mäßig erwärmten Räume in den Kaltbaderaum. Die Wanne dieses Raumes enthielt nur kaltes Wasser. Der Badegast hatte zudem die Möglichkeit, das Schwitzbad aufzusuchen, in dem eine sehr große, aber trockene Hitze erzeugt werden konnte.

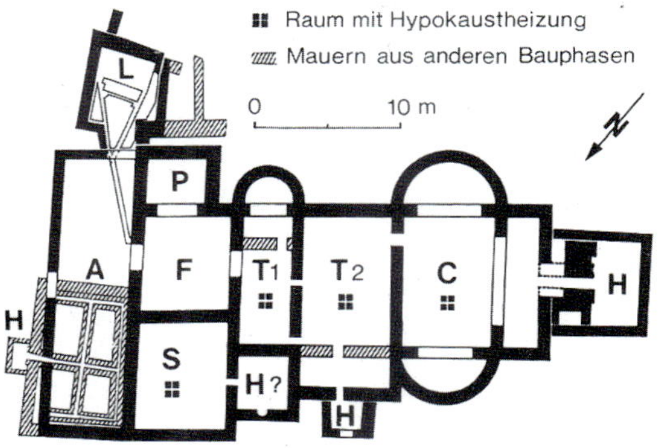

Blick in den Warmbaderaum und den angrenzenden Heizungsraum (oben): Unter den Bodenplatten sieht man Ziegelpfeiler, die von warmer Luft umströmt wurden – eine antike Fußbodenheizung.

Der Grundriss des Kastellbades der Saalburg (links) zeigt folgende räumliche Aufteilung: Warmbad (C), Durchgangsräume (T1, T2), Kaltbad (F), Schwitzraum (S), Eingangs- und Umkleideraum (A), Anbau (L), Kalt- und Warmwasserwannen (P) und Heizkammern (H).

Geselliges Treiben – Von ›Strigilis‹ bis ›Patera‹

Neben dem eigentlichen Badevorgang gab es in den größeren Badeanlagen auch die Möglichkeit zu kosmetischen Schönheitsbehandlungen, wie dem Entfernen lästiger Haare, und zur Massage. Häufig waren auch Sportplätze für gymnastische Übungen vorhanden. Danach hatte man die Möglichkeit, einen Imbiss einzunehmen. Zur Reinigung führten viele Besucher ein Badeset mit sich. In kleinen Fläschchen aus Glas oder Bronze befand sich Öl, das man auf der Haut verteilte. Der mit Staub oder Schmutz durchsetzte Ölfilm wurde anschließend mit einem eisernen oder bronzenen Schaber (Strigilis) von der Haut entfernt. Zu einem vollständigen Badeset gehörte oft auch eine Griffschale (Patera), die man für Wassergüsse verwendete.

Der Philosoph Seneca gibt uns im 1. Jahrhundert nach Christus in einem Brief eine lebendige Schilderung des geselligen Treibens in den großen stadtrömischen Bädern: „Von allen Seiten umtönt mich wirrer Lärm, denn ich wohne gerade über dem Bad. Stelle dir jetzt einmal alle Arten von Tönen vor, die es einen bedauern lassen, dass man Ohren hat. Wenn die Kräftigeren ihre Leibesübungen treiben und dabei ihre Hanteln schwingen, wenn sie sich abarbeiten oder auch bloß so tun, dann höre ich ihr Stöhnen und, sobald sie dem angehaltenen Atem wieder seinen Lauf lassen, ihr Zischen und heftiges Keuchen. Wenn jemand ganz still daliegt und sich massieren lässt, so höre ich das Klatschen der Hand (des Masseurs) auf den Schultern, das seinen Ton ändert, je nachdem die Hand flach oder hohl aufschlägt. Kommt vollends noch ein Ballspieler dazu, der zählt, wie oft er den Ball abprallen lässt, dann ist es um mich geschehen. Dazu kommen dann die Streitsüchtigen, der Dieb, den man auf frischer Tat ertappt, der Schwätzer, der sich an seiner eigenen Stimme berauscht; nimm ferner noch hinzu die, die unter lautem Klatschen ins Schwimmbassin springen, dass das Wasser nach allen Seiten aufspritzt. Außer diesen, deren Laute doch wenigstens natürlich sind, denke dir noch einen Haare-Ausrupfer, der, um sich bemerkbarer zu machen, wieder und wieder seine dünne, schrille Stimme hervorpresst und erst schweigt, wenn er jemandem die Haare unter den Achseln ausreißt und so einen anderen an seiner statt schreien lässt. Endlich die verschiedenen Ausrufe der Getränke-, Wurst- und Pastetenhändler und aller Kellner der Kneipen, die umherziehen und ihre Ware anbieten, jeder in einer anderen Tonart."

Wolfgang Schmidt

Der Grabstein eines Arztes aus Kleinasien aus dem 1. Jahrhundert nach Christus. Deutlich erkennt man das Etui mit medizinischen Instrumenten am oberen Bildrand. Links ist eine sich windende Schlange dargestellt – eine Symbolik, die eng mit dem Arztberuf verknüpft ist.

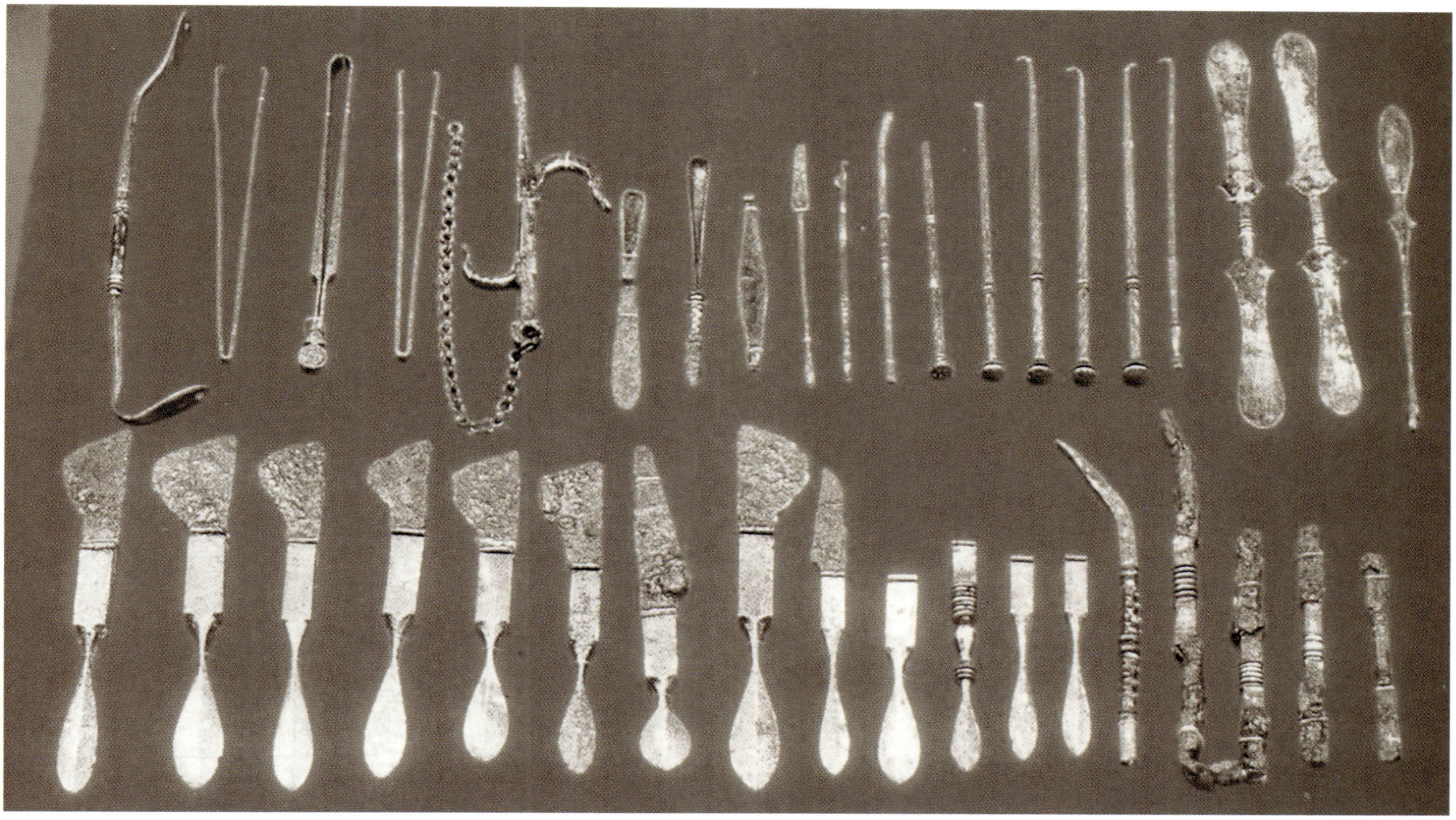

Auch nach fast 2000 Jahren sieht das Arztbesteck eines römischen Mediziners mit seinen zahlreichen Skalpellen immer noch beeidruckend aus.

Medizin und Götterglaube

C(aii) Xanthi diami sus ad asp(ritudinem)" und „C(aii) Xanthi penicille at imp(etum lippitudinis)" – so lauten die beiden Inschriften eines Augenarztstempels, der heute mit zahlreichen chirurgischen Instrumenten und Behältnissen in einer Vitrine des Archäologischen Parks Saalburg zu besichtigen ist. Mit den Stempeln wurden kleinere, getrocknete Medizinschwämmchen gekennzeichnet und bei Bedarf an den Patienten ausgegeben oder versandt(!). Der im Kastell Saalburg entdeckte Stempel ist einer der vielen Belege für den hohen Stand der Medizin, wie er in der römischen Armee unbedingt erforderlich war.

Legionen und Hilfstruppen (Auxilia) hatten mehrere „Regimentsärzte", die zudem innerhalb der Kastellanlage über ein Lazarett (Valetudinarium) verfügen konnten. Durch erhaltene Steinaltäre vom Main-Limes sind uns unter anderem der Arzt der „Cohors IV. Vindelicorum" aus Großkrotzenburg und der „Cohors IV Aquitanorum" aus Obernburg bekannt. Im ersten Fall ließ Lucius Fabius Anthimus dem persischen Lichtgott Mithras einen Altar weihen, der zweite nennt uns Marcus Rubrius Zosimus und überliefert die Krankheit des Lagerkommandanten Lucius Petronius Florentinus, nach dessen Genesung der Arzt den Heilgöttern Apollon, Aesculap und Salus ebendiesen Altar weihte, und er vergaß auch nicht, der Glücksgöttin Fortuna für die gelungene Heilung zu danken.

Das Vorgehen der Ärzte zeigt hier zwar deutlich einen religiösen Bezug, dennoch verließ man sich gerade in der Medizin weniger auf die Gunst der Götter, als auf die jahrhundertelangen und aufgezeichneten Erfahrungen der griechisch-römischen Heilkunst. Als in der Regierungszeit des Kaisers Tiberius (14–37 nach Christus) der Arzt Aulus Cornelius Celsus eine Enzyklopädie unter dem Titel „Artes" (Künste) anlegte, befanden sich darunter auch acht Bücher über die Medizin. Die zum Teil sehr ausführlichen Beschreibungen von Krankheitsbildern oder die therapeutischen und ernährungswissenschaftlichen Exkurse seiner Arbeit deuten auf die Kenntnisse der griechischen und vor allem hellenistischen Ärzteschulen auf Kos, Rhodos oder Alexandria hin.

Von größter Bedeutung waren auch die Erkenntnisse des Celsus, was die Heilung von Krankheiten durch chirurgische Eingriffe anging, und umso bemerkenswerter ist die Tatsache, dass man erst im 15. Jahrhundert diese Aufzeichnungen wieder entdeckte und zu lesen begann. Die

Zu dem Inventar eines Arztes gehörten auch Schröpfköpfe (links). Recht unscheinbar wirkt hingegen der kleine Stempel eines Augenarztes, der auf der Saalburg gefunden wurde (unten). Gleichwohl dokumentiert auch er, wie hoch die Medizin bei den Römern entwickelt war. Denn mit solchen Stempeln versahen die Doktoren getrocknete Medizinschwämmchen, die an Patienten ausgegeben oder sogar verschickt wurden.

meisten Erkenntnisse des Celsus wurden erst im 19. Jahrhundert überholt.

An dieser Stelle muss man auch auf den zweiten großen griechisch-römischen Arzt hinweisen, der in der Regierungszeit der Kaiser Marc Aurel, Commodus und Septimius Severus lebte und wirkte: Galenos aus Pergamon (129–199 nach Christus). Der wohl gelehrteste Wissenschaftler seiner Zeit schrieb eine Vielzahl medizinischer Abhandlungen und Handbücher, beschäftigte sich mit Physiologie und Anatomie und führte einem breiten Fachpublikum anatomische Untersuchungen vor. Dass Galenos zeitweilig auch in seiner Heimatstadt Pergamon die Gladiatoren behandeln musste, war für seine Arbeiten und Erkenntnisse nur von Vorteil. Die hier gesammelten und aufgezeichneten Erfahrungen sorgten dafür, dass seine Fertigkeiten auch in Rom bekannt wurden, wo er unter dem Kaiser Marc Aurel zu dem „Top"-Arzt wurde, dessen Schriften in den nachfolgenden Jahrhunderten Grundlage aller medizinischen Publikationen sein sollten. Den römischen Soldaten am Limes kamen im 2. und 3. nachchristlichen Jahrhundert diese durch schriftliche Überlieferung weitergetragenen medizinischen Kenntnisse zugute. Überall in den Kastellen und größeren Zivilplätzen entlang des Obergermanisch-raetischen Limes lassen sich medizinische Instrumente nachweisen. Neben den Kastellen und Siedlungen als Fundplätze kommt jedoch den Gräbern in diesem Falle eine besondere Bedeutung zu, sieht doch der römische Totenkult in den Provinzen zahlreiche Grabbeigaben vor, die sehr oft einen Bezug zum Beruf der Verstorbenen herstellten. So erhielten diese ihre berufsspezifischen Grabbeigaben für das Dasein im Jenseits, Handwerker ihre Werkzeuge, Jäger ihre Jagdausrüstung, Maler ihre Farbtöpfe und Ärzte ihre chirurgischen Instrumente. Von großer Bedeutung sind unter anderem die Arztgräber aus Wehringen (bei Augsburg), Wederath (Pfalz/nahe Morbach) oder das berühmte Ärztegrab aus Bingen/Rhein. In allen genannten Fällen erhielten die Mediziner sorgfältig verpackt ihre Arztinstrumentarien mit in die Gräber gelegt, und diese geschlossenen Funde spielen für Vergleichsuntersuchungen auch auf der Saalburg eine Rolle.

Der Stabsarzt eines Kohortenkastells mit mehr als 500 Mann Besatzung verfügte mit Sicherheit auch über eine Art „Apotheke", wo bereits vorbereitete Medizin vorhanden war. Sehr oft lassen sich kleinere Arzneikästchen nachweisen, und auch ein solches Fundstück kann man auf der Saalburg bewundern. Wundhaken, Skalpelle, Knochenheber, Zangen und Pinzetten zeigen deutlich, dass die chirurgischen Kenntnisse im Grenzland des Römerreichs vorhanden waren und zur Geltung kamen.

Ein Vergleich mit dem Bingener Arztgrab verdeutlicht, wie fortgeschritten die Medizin in den Nordprovinzen war. Der etwa um 150 nach Christus in Bingen bestattete Arzt erhielt außer zahlreichen Instrumenten auch eine Art „Symbol" in das Grab gelegt, das möglicherweise das Berufsleben des Mediziners begleitet hatte. Eine kleine bronzene Uräus-Schlange, ein aus Ägypten stammendes Symbol des Berufsstandes, weist auf die Herkunft der Kenntnisse des Verstorbenen (möglicherweise Alexandria) und auf die religiöse Bindung der Medizin hin. Auch der Asklepioskult, der Eid des Hippokrates und der Äskulapstamm mit der gewundenen Schlange verdeutlichen diese Beziehung.

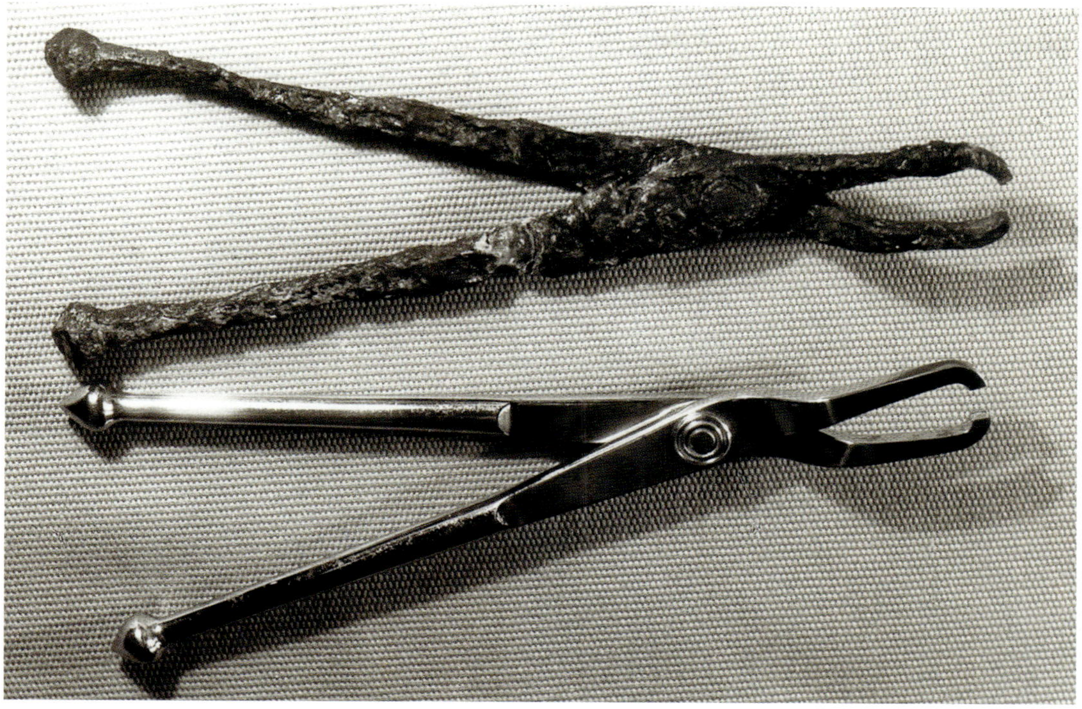

Eine antike Zahnzange und ein moderner Nachbau: Der Frankfurter Zahnarzt J.-P. Geist-Jacobi erkannte die Einzigartigkeit der Zange und stellte das Objekt – das zu diesem Zeitpunkt weltweit seinesgleichen suchte – 1896 einer begeisterten Fachwelt vor.

Sauberkeit als Gesundheitsvorsorge

Eine große Bedeutung kam unter medizinischen Aspekten auch der Hygiene zu. Vor dem Haupttor der Saalburg sieht man noch heute die eindrucksvollen Ruinen der Thermenanlage. Die Bäder konnten nicht nur von Soldaten, sondern auch von Zivilisten benutzt werden, und keine römische Siedlung musste auf eine Wasserver- und -entsorgung verzichten. Auch in diesem Fall können wir das Fundmaterial der Saalburg zum „Sprechen" bringen, finden sich doch Körperschaber (Stilengis/Strigilis), Ölbehältnisse aus Bronze und Glas (Balsamarium) oder Holzpantoletten zum Laufen über den durch eine Fußbodenheizung erhitzten Boden (Hypocaustum).

Es ist nicht auszuschließen, dass man auch im größeren Stile Wasserleitungen aus Holz legen ließ, um so den Wasserbedarf von Kastell und Siedlung zu decken, die knapp 100 Brunnen sind ein Hinweis darauf. Epidemien und Seuchen wurden durch diese Maßnahmen vorgebeugt, und erst in der frühen Neuzeit erreichte man einen ansatzweise vergleichbaren Stand. Dennoch: Viele Menschen konnten sich keine medizinische Versorgung oder etwa hygienische Vorbeugung leisten, sozial benachteiligte Bevölkerungsgruppen müssen besonders unter den furchtbaren Wirkungen von Krankheiten und Seuchen gelitten haben. Anhand einer ausgedehnten Studie stellte man unter anderem fest, dass die Sterblichkeit bei Kindern vor dem fünften Lebensjahr bei über 50 Prozent lag, Frauen starben häufig bei der Geburt ihrer Kinder.

Fast aktuell wirken da die Maßnahmen römischer Kaiser, gerade diese Missstände in den größeren Städten durch die öffentliche Verwaltung abzustellen. Auch die Förderung des Arztstandes – bis hin zu seiner steuerlichen Befreiung – dokumentiert diesen Willen der Staatsführung, die längst den Zusammenhang zwischen medizinischer Versorgung und sozialem Frieden erkannt haben dürfte.

Die Zahnzangen der Saalburg

Zu den medizinischen Fundstücken der Saalburg gehören auch zwei Zangen (forceps), die als Instrumente zur Zahnextraktion gedeutet wurden. Untersuchungen zur Materialbeschaffenheit oder zu technischen Neuentwicklungen fanden aber nie statt. Da sich das Museum immer schon als Forschungsstätte verstanden hat, die auch „interdisziplinär" arbeitet, wurde der Zahnarzt Leonardo Dude hinzugezogen, der erstmals alle bekannten römerzeitlichen Zahnzangen unter dem Aspekt der Eignung zum Zähneziehen untersuchte. Es zeigte sich, dass die vermeintlichen „Zahnzangen" nur bedingt dafür geeignet waren, da sie die Zahnkronen zerbrechen konnten.

Vielmehr erwiesen sich viele Zangen als medizinisches Multifunktionsgerät, mit dem auch Knochensplitter und Pfeilreste entfernt werden konnten. Die größere Saalburgzange mit ihren ausgeprägten Zangenbacken hingegen stellt eine Weiterentwicklung dar, die bestens für das Zahnziehen geeignet war. Sie erlaubte das körperliche Fassen der unterschiedlichen Zahnhalsformen. Damit wurde der Druck beim Ziehen gleichmäßiger auf den Zahn verteilt, die Zange glitt dem Arzt nicht so leicht aus der Hand, und die Gefahr, einen durch Karies ausgehöhlten Zahn zu zertrümmern, wurde minimiert.

Dabei war dieser weiterentwickelte Zangentyp offenbar im ganzen Römischen Reich bekannt: Bei Ausgrabungen im italienischen Rimini legten Archäologen das Haus eines Arztes frei, das um 270 nach Christus zerstört worden war. In den Schuttschichten entdeckten sie die Reste mehrerer Zahnzangen, die der Saalburgzange gleichen. Es sollte gut 1600 Jahre dauern, bis wieder Zahnzangen mit ähnlich ausgeformten Fassteilen hergestellt wurden. Sie bildeten die Grundlage für die uns heute gebräuchlichen und Mitte des 19. Jahrhunderts entwickelten anatomischen Zahnzangen. Die kleinere der beiden Saalburgzangen muss hingegen als Werkzeugzange angesehen werden.

Mario Becker und Leonardo Dude

Römisches Ritual: Auf einem Begräbnisplatz wurden die Verstorbenen verbrannt. Danach wurden die sterblichen Überreste in einer Urne beigesetzt oder in eine Grube gestreut.

Am Grab für die Toten gedeckt

Der Limes zog durch den Taunus nicht nur eine vom Militär überwachte Grenzlinie, sondern trennte auch zwei Kulturen voneinander. Dabei unterschied sich im Römischen Reich nicht nur die Welt der Lebenden klar vom Alltag im „Freien Germanien“. Auch die Welt der Toten – die Vorstellungen vom Jenseits und die Bräuche am Grab – wurden durch die römische Besatzung geprägt. Das über Jahrzehnte geformte und weitgehend gleichförmige römische Bestattungswesen, das die Legionen und Hilfstruppen praktizierten, kannte zwar regionale Besonderheiten. Die gesetzlichen Richtlinien blieben aber gleich, und mit deren Einhaltung und der Übernahme mediterraner Riten brachte die Provinzbevölkerung eine weit verbreitete Akzeptanz römischer Kultur zum Ausdruck.

Prägend waren am Limes wie bei den römischen Städten vor allem die „Gräberstraßen“, die sich außerhalb der Lagerdörfer der Grenzkastelle oft über Hunderte von Metern entlang der Verkehrsstraßen bildeten. Hier fanden nicht nur die Soldaten, sondern auch ihre Familien und die

anderen Bewohner der Kastellsiedlungen ihre letzte Ruhestätte. Grabsteine und vereinzelt auch Grabbauten (gemauerte Umfriedungen und kleine Grabkapellen) vermittelten den Zeitgenossen den Eindruck eines typisch römisch-mediterranen Begräbnisplatzes. Grabinschriften und -skulpturen erzählten wie im Süden vom Lebenslauf und den Leistungen der Verstorbenen. Gleichzeitig sicherten diese steinernen Dokumente ein lange währendes Andenken.
Damit konnte auch jeder, der es sich leisten konnte, seine Rolle in der Gemeinschaft, der er angehörte, dokumentieren und seinem typisch römischen Selbstdarstellungsbedürfnis Genüge tun. Solange im 1. und 2. Jahrhundert die Brandbestattung vorherrschte, diente auch die öffentliche Einäscherung diesem Zweck. Am Tag der Verbrennung konnten nach dem Trauerzug zum Gräberfeld Redner die Leistungen des Toten preisen, Gegenstände aus seinem Besitz wurden mit auf den Scheiterhaufen gelegt, und Verwandte und Freunde warfen Geschenke mit ins Feuer. Das, was dem Verstorbenen lieb und teuer war und was ihn als Person charakterisierte, wurde damit den Lebenden entzogen.

Geweihte Blumen und Gewürze

Überhaupt konnte der Ablauf der Beisetzung bis ins Detail testamentarisch verfügt werden. War der Scheiterhaufen abgebrannt und gelöscht, suchten die Verwandten die sterblichen Überreste aus der Asche aus und setzten sie in einer Urne bei oder streuten sie in die vorbereitete Grabgrube. Das Aufsammeln der Knochen stand im Mittelpunkt der Bestattungszeremonie. Die Knochen wurden gewaschen und mit Öl, Milch oder Parfüm besprengt. Oft finden sich deshalb Salbfläschchen mit im Grab. Teil der Ausstattung waren in fast allen Gräbern mehrere Krüge, mit deren Inhalt das Grab geweiht wurde, und oft auch Grablampen aus Ton, die dem Toten Licht in der Finsternis spenden sollten.
Eine Münze, der „Charonspfennig", belegt den ursprünglich aus der griechischen Mythologie übernommenen Brauch, Verstorbenen das symbolische Übersetzen über den Unterweltsfluss Styx zu garantieren. Meist schaufelte man noch Brandschutt mit den Resten der mitverbrannten, in der Hitze verschmolzenen und zersprungenen Gegenstände aus Metall, Glas und Ton in die Grabgrube. Die vor allem bei den Kelten verbreitete Idee, Verstorbene für den Aufenthalt im Jenseits ausstatten zu müssen, wird bei den geschilderten Ritualen nicht im Vordergrund gestanden haben.
Die Vorstellung einer Fortexistenz im Jenseits war bei vielen Römern von einem tief empfundenen Nihilismus geprägt, neben dem in manchen Kreisen aber auch der Glaube an die Unsterblichkeit der Seele gepflegt wurde oder das Eingehen des Geistes in ein Elysium der Seligen. Die Familie versammelte sich an festgelegten Feiertagen an den Grabstätten, nahm dort ein Mahl ein, an dem auch für den Toten ein

Louis Jacobi skizzierte die Grundrisse und Grabbeigaben der auf der Saalburg entdeckten Gräber.

Ein Blick in das Innere des 1872 errichteten Gräberhauses auf der Saalburg. Das Bauwerk diente dazu, die gefundenen Brandgräber zu präsentieren.

Gedeck bereitstehen konnte, weihte Blumen und Gewürze und entzündete Lampen. Damit verewigten die Hinterbliebenen sein Andenken, und zugleich verhinderten sie mit diesen Ritualen, dass sich der „vergessene" Tote an den Lebenden rächen konnte. Nur die Unglücklichen, die eines „unzeitgemäßen", unerklärlichen Todes gestorben waren, aber auch Selbstmörder und Gladiatoren verscharrte man am Rande der offiziellen Gräberfelder. Die Skelette dieser Sonderbestattungen, oft in verkrümmter Haltung oder in Bauchlage in der Grabgrube liegend, berichten so vom tragischen Schicksal dieser Menschen.

Von der Mitte des 2. Jahrhunderts an vollzieht sich unter dem Einfluss von östlichen Erlösungsreligionen ein Wandel der Bestattungssitten. Die Toten werden nach und nach wieder unverbrannt beigesetzt, und bei der Ausstattung der Gräber beschränkte man sich im 3. Jahrhundert auf Becher und Glasfläschchen; nicht selten sind die Gräber auch beigabenleer. Die Vorstellungen von einer jenseitigen Existenz müssen sich in dieser Zeit gewandelt haben, und es scheint auch, dass eine demonstrative Selbstdarstellung am Grab nicht mehr üblich war.

Da man sich bei den Limesgrabungen im Taunus auf die Erforschung der Militäranlagen konzentriert hat, lässt sich nur schwer ein Bild der Grabbräuche in den dortigen Kastelldörfern zeichnen. Nur an der Saalburg hat man vor über 100 Jahren ein größeres Areal eines Bestattungsplatzes freigelegt. Die zeichnerische Dokumentation aus dieser Zeit gibt ein bekanntes Bild wieder: Die Grabgruben enthielten Krüge, manchmal eine Lampe oder ein Glasfläschchen. In einem Grabbau lag ein Schwert – eine Beigabe, die in römischen Gräbern die absolute Ausnahme darstellt. Eisennägel, die in den Publikationen der damaligen Zeit immer wieder Erwähnung finden, werden von den mitverbrannten Totenliegen stammen, metallene Kästenbeschläge deuten auf Schmuckkoffer von Frauen hin, und Bestandteile der Tracht wie Fibeln geben Aufschluss über die Herkunft der Beigesetzten.

Eine soziale Hierarchie ist mit Hilfe dieser Befunde nur schwer erkennbar. Auch im Hinterland des Limes war es die oberirdische, heute nicht mehr erhaltene Grabgestaltung, die den Rang des Verstorbenen für jedermann erkennbar machte; am deutlichsten ablesbar in den Inschriften der Grabsteine oder an den wenigen Grabkapellen, die das Erscheinungsbild der Gräberstraßen dominierten. Ungewöhnlich ist die bei den Ausgrabungen nahe der Saalburg nachgewiesene Steinfassung vieler Gräber. Diese auch als Schutz gedachte Begrenzung war offenbar inspiriert von der Bodenbeschaffenheit des Taunus und ist als regionale Besonderheit auch an anderen, benachbarten Fundplätzen nachgewiesen.

Nicht nur die wenigen uns bekannten Gräber aus dem Taunus, sondern auch die weitgehende Standardisierung des Totenrituals erschweren eine Darstellung der Bestattungsplätze am Limes. Zukünftige Ausgrabungen können hier sicher mehr Klarheit verschaffen. Auch mit Hilfe der modernen Naturwissenschaften, vor allem der Anthropologie, der Osteologie und der Archäobotanik – also durch Bestimmung der Knochenreste und der botanischen Beigaben – wird es möglich sein, weitere Mosaiksteinchen hinzuzufügen, um durch die Welt der Toten auch etwas über die Gemeinschaft der Lebenden zu erfahren.

Peter Fasold

Mit der Metallsonde auf Schatzsuche: Was für viele Zeitgenossen ein Hobby mit neuen (technischen) Möglichkeiten ist, wird von der Denkmalpflege sehr kritisch gesehen. Oft werden jahrtausendealte Zeugnisse zerstört.

Jäger und verlorene Schätze

Arm am Beutel, krank am Herzen schleppt ich meine langen Tage. Armut ist die größte Plage, Reichtum ist das höchste Gut! Und, zu enden meine Schmerzen, ging ich, einen Schatz zu graben.“ Goethes Worte stellten damals wie heute ein Problem für die Archäologie dar. Zwar werden Kulturdenkmäler in der Mehrzahl durch Bau- oder intensive Land- und Forstwirtschaftsmaßnahmen unwiederbringlich zerstört oder bedroht, das ist unumstritten. Allerdings veranlasst das Wort „Schatzsuche“ („Indiana Jones“ lässt grüßen) nach wie vor zahlreiche Mitbürger dazu, auf Kulturdenkmälern wie Siedlungsplätzen, Burgen, Wallanlagen, Gräberfeldern oder alten Verkehrswegen nachzusehen, was es denn dort noch so an schönen Dingen zu finden gibt. Eine Abenteuer und „dolle Funde“ versprechende Werbung für die Schatzsuche und ihre Hilfsmittel (zumeist Metalldetektoren) sowie eine unkritische Berichterstattung tun ihr Übriges.

Bis auf wenige Ausnahmen werden dabei die mit dem Abenteuer verbundenen Konflikte mit den Rechten Dritter verschwiegen. Hinzu kommt eine zu nostalgische Betrachtung einer einst überwiegend auf Funde konzentrierten Archäologie des 19. Jahrhunderts. Dabei hat sich die Archäologie seitdem kontinuierlich fortentwickelt. Der Fundkontext steht heute interdisziplinär im Vordergrund. Wenn das private „Abenteuer“

Kein Kavaliersdelikt

Neben einem Verstoß gegen die Denkmalschutzgesetze werden durch Raubgräber und/oder ihre Helfershelfer auch regelmäßig Straftatbestände wie gemeinschädliche Sachbeschädigung, Diebstähle, Unterschlagung, Hehlerei und Betrug erfüllt. In Anbetracht dessen handelt es sich unter dem Strich also nicht um ein Kavaliersdelikt! Was tun? Wie beim Umwelt- und Artenschutz hilft es bereits, wenn wir mehr denn je die Augen offen halten. Außergewöhnliche Aktivitäten oder Bodeneingriffe auf oder im Umfeld von Kulturdenkmälern sowie der Verkauf archäologischer Funde auf Flohmärkten, Schatzsuchertreffen oder Funde ungesicherter Herkunft sollten hinterfragt und der Denkmalpflege gemeldet werden. Bei Verdacht auf Raubgrabungen oder illegalen Handel muss die Polizei eingeschaltet werden.

Das Werk der Raubgräber: Nahe der Kapersburg lässt sich erahnen, welche Schäden illegale Schatzsucher anrichten können. Vermutlich wurde in dieser Gemarkung über viele Jahre gegraben.

in Zusammenarbeit mit der archäologischen Denkmalpflege und der erforderlichen Genehmigung zur Nachforschung sowie entsprechender Dokumentation und Auswertung geschehen würde, gäbe es grundsätzlich keine Probleme, wie es jüngste Beispiele der Zusammenarbeit zwischen Sondengängern/Schatzsuchern und Archäologen erfreulicherweise zeigen. Ja, wenn da das Wörtchen „wenn" nicht wäre. Denn es sind nach wie vor nur wenige, die bereit sind, keinen Schaden anzurichten und ernsthaft mit der Denkmalpflege zusammenzuarbeiten.
Erzählte doch unlängst ein Landwirt, dass es nun nach der Ernte wieder in der Abenddämmerung losgehen werde. Leute mit Metallsuchgeräten tauchen dann immer wieder auf und suchen die Felder auf dem Limeskastell bei Langenhain-Ziegenberg und in dessen Umgebung ab. Das gehe schon seit Jahren so. Es ist nicht die einzige Örtlichkeit, die immer wieder von unbekannten Personen auf- und abgesucht wird. Gibt es doch genügend andere Kastelle und Wachttürme entlang des Limes. Ganz zu schweigen von den zahlreichen ehemaligen römischen Gutshöfen im Hinterland.
Ein neues Problem? Nein, bereits im 19. Jahrhundert und davor beflügelte die Schatzsuche die Fantasie und machte den Reiz der Suche entlang des Limes aus. So lesen wir bei Louis Jacobi („Das Römerkastell Saalburg bei Homburg v. d. Höhe", Homburg 1897): „Nach mündlichen Überlieferungen sollen in früheren Jahrhunderten öfters Schatzgräber an der Saalburg ihr Wesen getrieben haben. Bei den Ausgrabungen fanden sich öfters Stellen, die schon durchwühlt waren; ob dies aber durch Schatzgräber, Bergleute oder bei dem Ausroden und der Waldkultur geschehen ist, bleibt dahingestellt. Interessant ist es immerhin, dass noch im Jahre 1851 ein Gesuch an den Landgrafen von Homburg gerichtet wurde, welches uns vorliegt, in dem gebeten wird, nach Schätzen auf der Saalburg graben zu dürfen. Dass dies abgeschlagen wurde, ist selbstredend und verständig gewesen; der ablehnende Bescheid, der für die damaligen Anschauungen bezeichnend ist, verdient hier festgehalten zu werden; er lautet wörtlich: ‚Ein solch planloses Durchwühlen dieses geschichtlichen Bodens wäre nicht viel besser, als wenn man eine Heerde s. v. Schweine zu solchem Behuf verwenden würde und erklärt sich dieses Gesuch dadurch, daß der Eine Bittsteller im Rufe steht, Schatzgräber zu seyn, wegen dessen er auch schon im Ausland in Untersuchung gestanden haben soll, er ist auch hier als ein Mann bekannt, der sich mit Hexerei befaßt und überhaupt dem blinden Aberglauben ergeben ist. Der Plan der Bittsteller ist daher auf Schatzgräberei und nicht auf Alterthumsforschung gerichtet und dürfte daher als gänzlich unstatthaft abzuschlagen seyn.'"

Bereits im 19. Jahrhundert und davor beflügelte die Schatzsuche die Fantasie und machte den Reiz der Suche entlang des Limes aus.

Richtig nachdenklich wird man vor einem älteren, zirka 2 Meter langen, 1,50 Meter breiten und gut 0,5 Meter tiefen Loch innerhalb des Brandgräberfeldes des Kastells „Kapersburg". Schaut man sich das nähere Umfeld an, entdeckt man weitere vier gleich große Löcher und zahlreiche kleinere, insgesamt um die 30, die über mehrere Jahre hinweg entstanden sein müssen.

Schatzfunde wie die oben abgebildeten sind die absolute Ausnahme. Selbst vollständige Keramikfunde, wie sie in Groß-Gerau zu Tage gefördert wurden (Foto rechts), sind ausgesprochen selten.

Hier und da liegen vereinzelt sogar noch ein paar Scherben von Tongefäßen, Holzkohle, gebrannte Knochenstückchen und kleine Eisenteile herum. Waren das etwa die „Heerde s. v. Schweine“? Nein, denn einige Wurzeln sind mit einem scharfen Gegenstand durchtrennt worden. Ein Wildschwein mit Messer oder Spaten ist mir im Wald noch nicht begegnet. Handelte es sich vielleicht um eine archäologische Ausgrabung? Mitnichten, wie eine Rücksprache mit der Archäologischen und Paläontologischen Denkmalpflege in Wiesbaden ergibt. Es handelt sich vielmehr um die Aktivitäten so genannter Raubgräber. Ihr Ziel waren die zu erwartende Urne und die Beigabengefäße aus Keramik oder Glas sowie eventuell metallische Beigaben.

Eine offizielle Definition für den Begriff „Raubgräber“ gibt es übrigens nicht. Auch kann das Wort „Raub“ nicht mit den Tatbestandsmerkmalen des Strafgesetzbuches in Verbindung gebracht werden. Jedoch kann er als eine rechtswidrige Suche nach geschichtlichen Kulturgütern und deren rücksichtslose Bergung beschrieben werden, da sich über gesetzliche Bestimmungen zum Schutz von Kulturdenkmälern der Bundesländer (Denkmalschutzgesetze) hinweggesetzt wird.

Ziel der Raubgräber ist es, Kulturgüter zum Sammeln und Handeln zu erlangen, wobei über Jahre hinweg beeindruckende Sammlungen, ein guter Umsatz – stets am potenziellen Miteigentümer eines Schatzfundes vorbei erwirtschaftet – und archäologische Fachkenntnisse zu Stande kommen können. Das ungenehmigte Ausräumen der Brandgräber bei der „Kapersburg“ ist tatsächlich rücksichtslos. Rücksichtslos gegenüber den Schutzbestimmungen, rücksichtslos gegenüber der Archäologie und damit auch gegenüber der Allgemeinheit, die von den Ergebnissen der Archäologie profitiert. Rücksichtslos insbesondere gegenüber den Bestatteten, die dort seit fast 2000 Jahren in Frieden ruhten und durch keinerlei Bau- oder tiefgründige Forstwirtschaftsmaßnahmen Gefahr liefen, endgültig beseitigt zu werden.

Spätestens hier wird deutlich, welche Schäden durch illegale Ausgrabungen verursacht werden: Die einst im Boden vorhandenen Spuren, letztendlich Urkunden gleich, sind nicht mehr auszuwerten, da sie unwiederbringlich vernichtet wurden. Die Funde können nicht mehr in ihrem Kontext ausgewertet werden. Da der Archäologe wie ein Kriminalist an einem Tatort arbeitet, kann sich jeder von uns vorstellen, welche Auswirkungen es auf die Aufklärung einer Straftat hat, wenn Spuren vernichtet und Gegenstände entfernt werden.

Eckhard Laufer

Saalburg, Nordtor (porta decumana)

Im Mittelpunkt des Mithrasheiligtums auf der Saalburg steht die Stiertötung. Doch wer glaubt, dass es sich hierbei um eine antike Kultstätte handelt, irrt: Auf der Saalburg hat es vermutlich nie ein Mithräum gegeben, es entstand erst im 20. Jahrhundert.

Kein Mithraskult im Taunus?

Saalburgbesucher finden außerhalb des Kastells und jenseits der alten Landstraße ein Gebäude, das als „Mithrasheiligtum" ausgewiesen ist. Daneben gibt es sogar eine „Mithrasquelle". Jeder, der sich mit den Römern beschäftigt hat, setzt nun voraus, dass auch auf der Saalburg ein Mithrastempel existierte. Falsch! Wie Wissenschaftler inzwischen herausfanden, ist die Ausgrabung eines solchen Tempels dort regelrecht erfunden worden.

Nicht, dass nun alle Ausgrabungen von Tempeln für Mithras als Fälschungen zu sehen sind. Im Gegenteil, um 1900 wurden an verschiedenen Orten echte Mithräen entdeckt (in den Jahren 1887–1893 das Mithräum III in Frankfurt-Heddernheim, 1894 der Tempel in Friedberg, 1902 ein Tempel in Stockstadt und, und, und ...), sodass die Herren Jacobi und andere sich offenbar in Zugzwang sahen, dergleichen auch auf der Saalburg zu präsentieren. Es fehlten aber jegliche Fundstücke, die üblicherweise in einem solchen Tempel gefunden werden. So sind die heutigen Archäologen inzwischen überzeugt, dass auf der Saalburg kein Tempel des Mithraskults existierte.

Das wirft die Frage auf, ob unter den Soldaten in den Taunuskastellen überhaupt Anhänger des Mithraskults vorausgesetzt werden dürfen? Es gibt nämlich bisher nur einen „sicheren" Fund im Taunus: das Fragment einer Felsgeburt des Mithras aus Langenhain. Da dieses Motiv nicht aus einem Privathaus stammen kann, muss es dort auch ein Mithräum gegeben haben.

Doch warum gibt es im Taunus so wenige Funde? Diese Frage lenkt den Blick auf die Situation in der Wetterau und im Rhein-Main-Gebiet, wo unbestritten eine Reihe von Mithrastempeln existierte. Neuerdings wurde sogar nachgewiesen, dass in Mainz ein großer Tempel schon in den siebziger Jahren des 1. Jahrhunderts nach Christus bestand, das heißt, dass dieser Kult wahrscheinlich am Standort der Legionen eingeführt wurde.

Wie wir heute wissen, gab es mehr als einen Tempel in Mainz, mindestens einen Tempel in Wiesbaden, wahrscheinlich einen Tempel in Hofheim, mindestens vier, aber wahrscheinlich fünf Tempel in Frankfurt-Heddernheim (Nida) und drei Tempel in Friedberg. Auf der anderen Seite der Wetterau reihten sich am Limes Mithrastempel neben den Kastellen Echzell, Ober-Florstadt, Rückingen und Großkrotzenburg. Wenn wir diese Orte auf einer Karte anschauen, so ist das eine sehr auffällige Verteilung. Besonders die Häufung der Tempel in Friedberg und Nida, deren Funde bis zum Ende der römischen Besatzung im rechtsrheinischen Gebiet datieren, gibt Rätsel auf. Könnte es nicht sein, dass die Anhänger aus den Taunuskastellen jeweils mit einer Gemeinde in der Wetterau verbunden waren und sich bei den vorgeschriebenen Festtagen dann auch dahin auf den Weg machen durften? Bekanntlich führte eine Römerstraße von der Saalburg direkt nach Nida, und die relativ hohe Anzahl von Mithräen dort würde sich besser durch einen solchen Zustrom von Mysten – so der Name der Mithras-Anhänger – erklären lassen, denn in der Kleinstadt selbst gab es ja seit etwa 110 nach Christus keine Truppen mehr. Andererseits gibt es zum Beispiel eine Weihung für die Göttin Dea Candida Regina in Nida, deren Inschrift auf einen Centurio der 2. Raeterkohorte verweist – und diese war auf der Saalburg stationiert. Mithin war es den Soldaten erlaubt, ihren religiösen Aktivitäten „unten in der Stadt" nachzugehen. Ähnliche Möglichkeiten gab es für die Soldaten der übrigen Taunuskastelle: Diejenigen vom Zugmantel konnten Wiesbaden, die von Alteburg-Heftrich Hofheim, die von den Kastellen Kapersburg, Langenhain und Butzbach Friedberg besuchen. Je nachdem, wie viele Anhänger es gab, waren wohl der Bau und die Unterhaltung eines Tempels nicht immer gegeben, und so war die Entscheidung, gelegentliche lange Wege in Kauf zu nehmen, vernünftiger.

Das Mysterium der Stiertötung war den Männern vorbehalten

Unser Wissen über den Inhalt des Mithraskults ist eingeschränkt, denn es fehlt so etwas wie eine Bibel. Andererseits hat die Archäologie eine Menge zu Tage gefördert, sodass sich doch ein Bild ergibt. Bemerkungen in der antiken Literatur – zumeist von Kirchenvätern – ergänzen diese Kenntnisse.

Der Mysterienkult des Mithras war ein Männerkult. Bisher war nur von Soldaten die Rede, aber nicht nur Angehörige der Truppen ließen sich einweihen. Viele Inschriften bezeugen, dass auch Kaufleute, Zollbeamte und Magistrate (wir würden heute sagen „Politiker") dem Kult angehörten. Innerhalb des römischen Kaiserreiches war er sehr verbreitet – nämlich von Ägypten bis Britannien und von Syrien bis Spanien. Eine Häufung der Tempel gab es in und um Rom und in der Obergermanischen Provinz. Münzen, Keramik und Inschriften weisen auf den Zeitraum zwischen 70 und 400 nach Christus.

Das Aussehen der Tempel folgte einem Schema: Nach außen waren es lang gestreckte Häuser mit Satteldach, innen gab es ein oder zwei Vorräume, von denen es über Stufen hinunter in den

Der Mithraskult war eine Religion, von der sich viele Soldaten angesprochen fühlten. Im Bild rechts wird eine Szene rekonstruiert, wie sie sich im Mithräum III in Nida abgespielt haben könnte. Der Myste (Kandidat) hat mit dem Schwertkampf die Bedingungen des dritten Weihegrades erfüllt. Dafür überreicht ihm der Pater (Priester) vor dem Bild der Stiertötung einen Lorbeerkranz. Die Angehörigen der Gemeinde verfolgen den Vorgang.

eigentlichen Kultraum ging. Dieser war stets gleich eingeteilt. Es gab einen Gang in der Mitte, der von Liegebänken (Podien) flankiert wurde und an dessen Ende immer das Kultbild mit dem Motiv der Stiertötung durch den Gott Mithras stand. Außer in diesen Tempelhäusern wurde der Kult auch in Höhlen praktiziert; mehrfach wurde in Ermangelung einer natürlichen Höhle der Tempel am Fuß eines Berges angelegt, gelegentlich konnte das Kultbild direkt in den Fels gearbeitet werden.

Die Stiertötungsszene scheint die hauptsächliche religiöse Botschaft zu beinhalten. Aber ausgerechnet hierzu hat die Forschung keinen festen Anhaltspunkt. Neben den beiden Figuren Stier und Mithras sind stets weitere Tier-Figuren abgebildet (Rabe, Skorpion, Schlange, Hund). Alle Tiere sind zugleich Sternbilder. Mehrere Hypothesen sind aufgestellt worden, um die Bedeutung des Bildes zu erklären, aber keine war bisher restlos überzeugend oder blieb ohne Widerspruch. Die Erklärungen reichen von „Weltschöpfung" bis „Beendigung des Stierzeitalters"; daneben gibt es eine Anzahl von weiteren Deutungen mit astronomischem Hintergrund.

Die Steingeburt eines Gottes

1975 wurde in Langenhain ein Fragment gefunden, welches beweist, dass früher dort Anhänger des Gottes Mithras lebten. Der 26 Zentimeter hohe Stein (links) stellt die Felsgeburt des Mithras dar. Er ist bereits bis zur Brust sichtbar, die Arme sind noch von Felsen bedeckt. Die Waffe, vermutlich der Dolch, mit dem er später den Stier töten wird, lehnt am Stein.

Wir wissen jedoch, dass die Gemeinden in sieben Weihegrade gegliedert waren, von denen der siebte Grad, der Pater, zugleich der Priester war. Jeder Grad konnte nur durch eine Prüfung und feierliche Einweihung (Initiation) erreicht werden. Bilder von diesen Prüfungen, die teilweise mit Todesdrohungen verbunden waren, sind auf Fresken im Mithräum von Capua und auf dem Krater von Mainz zu sehen. Letzterer ist im Archäologischen Museum von Frankfurt ausgestellt. Wir haben zudem Kenntnis von dem hohen Anspruch der moralischen Lehren des Kults („Halte deine Hände rein von allem, was Leid und Schaden bringt") und von dem Glauben an eine Seelenwanderung, das heißt, der Kult vermittelte den Trost eines Weiterlebens nach dem Tod.

Sicherheit besteht auch bezüglich des heiligen Kultmahls, das die Gemeinden zelebriert haben. Kultbilder zeigen ein solches Mahl mit den Göttern Sol und Mithras, und daneben gibt es Tafelszenen mit Mysten, die ihrem Weihegrad gemäß gekleidet sind. Nicht zuletzt finden Archäologen die eindeutigen Überreste dieser Kultmähler, nämlich von Vorratsgefäßen, Kochgeschirr, Tellern, Krügen und Bechern, Austernschalen und Tierknochen (diese stammen überwiegend von Jungtieren). Diese Funde weisen auf Exklusivität, indem sie das jeweils Beste des entsprechenden Marktes darstellen.

Offen bleibt, wo und von wem der Mithraskult gegründet wurde. Es liegt nahe, den ursprünglichen Anstoß im iranischen Kulturkreis zu suchen, jedoch waren offenkundig griechisch-römische Vorstellungen ausschlaggebend. Verschiedene Überlegungen sprechen dagegen, dass dieser Mysterienkult aus einer langen Tradtion erwachsen ist. Die Weihegrade, die festen Regeln und die komplexen Zeichen und Sinnbezüge deuten vielmehr auf einen intellektuellen Entwurf. Nicht zuletzt ist der dritte Weihegrad mit dem Namen Soldat (miles) wohl mit Blick auf das römische Militär erfunden worden und hatte ja dort auch großen Erfolg.

Ingeborg Huld-Zetsche

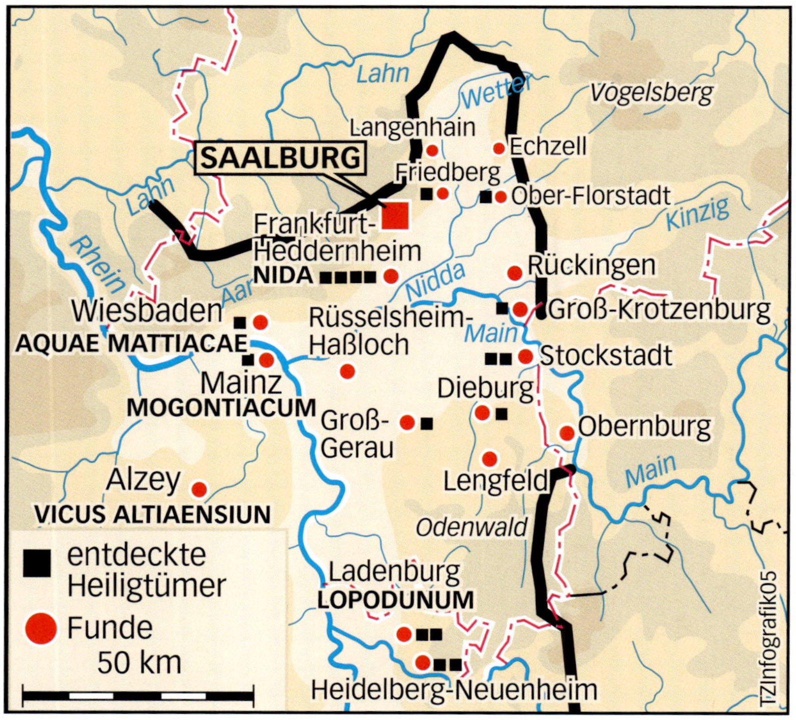

Der Mithraskult war im Römischen Reich weit verbreitet. Zwar finden sich entlang des Limes im Gebiet des Hochtaunuskreises bislang keine Spuren von Mithräen, doch ist es denkbar, dass die Soldaten von der Taunushöhe nach Nida, Friedberg oder Wiesbaden kamen, um dort an Kultdiensten teilzunehmen (Karte rechts).

Liebeskunst und Götterglaube

Erotik ist seit jeher Bestandteil der menschlichen Kultur und Lebensqualität, Grundbedürfnis und elementarer Ausdruck menschlicher Kommunikation. Nicht umsonst gehörte die Dichtung des römischen Schriftstellers Ovid (43 vor Christus bis 17 nach Christus) über die „Liebeskunst" (Ars amatoria) seit jeher zu den beliebtesten Werken der antiken Literatur, auch wenn die Altertumsforschung des 19. und des frühen 20. Jahrhunderts darin eher einen Ausdruck von Frivolität, Lüsternheit und Pornografie sah. Schockierend in der damaligen Zeit wirkten vor allem die Abschnitte seiner Dichtung, die die Liebesvereinigung selbst behandelten:

„Euer Leib lehr euch, welche Methode richtig ist. (...) Bis in ihr innerstes Mark gelöst soll die Frau alle Wonnen spüren; das Lustgefühl soll gleich groß für beide dann sein. (...) Du auch, der die Natur es versagt hat, Lust zu verspüren, täusche mit künstlichem Laut süße Empfindungen vor."

An anderer Stelle empfiehlt der Dichter:

„Hast du die Stellen gefunden, an denen die Frau gern berührt wird, halte die Scham nicht zurück, dass du sie dort auch berührst. Sehn wirst du, wie ihr die Augen im zittrigen Feuer erglänzen; (...). Lass aber nicht die Geliebte in Schussfahrt mit volleren Segeln hinter dir, und deiner Fahrt eile sie auch nicht voraus."

Aus der griechischen Aphrodite wurde die römische Venus: Die Götter der Römer hatten oft erotische Züge. Nacktheit und verführerische Haltung prägen auch die abgebildete Skulptur der Venus von Milo.

Entgegen allgemeinen heutigen Vorstellungen hatte auch die Freizügigkeit im antiken Rom ihre Grenzen. Ovids Veröffentlichung seines erotischen Werks war einer der Gründe, dass ihn Kaiser Augustus höchstpersönlich im Jahre 8 nach Christus auf Lebenszeit nach Tomis am Schwarzen Meer verbannte. Hintergrund hierfür waren die strengen Ehegesetze des Kaisers, die den Ehebruch zumindest dann für strafbar erklärten, wenn es sich um den Seitensprung der Ehefrau handelte. Wenn Ovid die freie Liebe grundsätzlich für erstrebenswert erklärt und sogar genaue Anweisungen hierfür erteilt, dann verstieß seine Dichtung unverkennbar gegen die kaiserliche Gesetzgebung.

Es kann nicht verwundern, dass ein solch zentraler Lebensbereich wie Erotik und Sexualität auch in der römischen Kunst seinen Ausdruck in entsprechenden Darstellungen fand, die auf Kunst- und Gebrauchsgegenständen aus vielen Gebieten des Römischen Reiches nachweisbar sind. Lange Zeit galt es allerdings als geradezu „moralisch verwerflich", sich mit erotischen Darstellungen in der römischen Kunst zu beschäftigen, und nicht umsonst wurden entsprechende Funde aus den Vesuv-Städten Pompeji und Herculaneum lange Zeit in einer Geheimsammlung des Nationalmuseums in Neapel aufbewahrt, für dessen Besichtigung eine Sondergenehmigung erforderlich war.

Jeder Besucher des antiken Pompeji kennt die dortigen erotischen Wandmalereien, die an Eindeutigkeit kaum zu überbieten sind. In allen erdenklichen Stellungen und Variationen, zum Teil mit geradezu gymnastischen Höchstleistungen, werden Liebesakte im Liegen und im Stehen, zu zweit oder mit drei und mehr Beteiligten dargestellt.

Erotische Posen finden sich zudem auf den berühmten Wandmalereien in Pompeji.

Solche Darstellungen sexueller Aktivitäten waren durchaus nicht nur in Bordellen (Lupanaren) zu sehen, sondern auch im Bereich der Thermen. Selbst römische Wohnhäuser konnten mit eindeutig erotischen Darstellungen geschmückt sein, was in unserem heutigen Wohnbereich eher befremdlich wirken würde. In erstaunlicher Freizügigkeit finden sich erotische Darstellungen auch auf alltäglichen Gebrauchsgegenständen, wie auf Gefäßen, Geschirr und Tonlampen. Sie bezeugen für die Antike – ähnlich wie heute – den Animationswert sexueller Darstellungen.

Im Gegensatz zu unserer heutigen Zeit war die Prostitution als feste gesellschaftliche Institution durchaus etabliert und akzeptiert. Gewerbsmäßige sexuelle Dienstleistungen beider Geschlechter wurden in allen größeren Städten angeboten. Sicherlich gab es auch im Umfeld römischer Kastelle entsprechende Einrichtungen, die von den dort lebenden Soldaten gerne aufgesucht wurden. In aller Regel entziehen sich solche Räumlichkeiten jedoch einem archäologischen Nachweis, da es meist einfache Kammern waren, die lediglich mit einer Liege ausgestattet wurden. Erotische Malereien, wie wir sie in Pompeji finden und die offensichtlich die „Spezialitäten" der dort tätigen Frauen darstellen, sind die Ausnahme, ohne die allerdings eine Zuweisung als Bordell kaum möglich wäre. Daneben gab es viele Gasthäuser, in denen Prostitution betrieben wurde.

Bei weitem nicht alles, was wir heute als ausschließlich erotische Darstellung interpretieren würden, hatte diesen einzigen Aspekt in der römischen Antike. Viele Objekte mit scheinbar erotischem Inhalt besitzen ihre Wurzeln im Religiösen. Dies gilt beispielsweise für die Darstellung des Priapos, eines Sohnes der Göttin Venus, der die Fruchtbarkeit förderte – durchaus nicht nur im Bereich der Sexualität – und in dieser Funktion auch Inbegriff der männlichen Potenz war. Charakteristisch für ihn ist sein meist riesiges, erigiertes Glied, das seine Funktion als Fruchtbarkeitsgott unübersehbar betont. Mit diesen positiven Kräften der Natur versehen galt die Darstellung des Priapos nicht nur als Abbild der Fruchtbarkeit, sondern stand im weitesten Sinne auch für Wohlstand und Glück. In dieser Funktion hatte das männliche Glied, der Phallus, weniger erotische Aussagekraft, als vielmehr apotropäische (Unheil abwehrende) Bedeutung und findet sich auch auf römischen Hauswänden oder gemeißelt im Straßenpflaster.

Daneben gab es noch weitere Gottheiten der Römer, die durchaus erotische Züge besaßen, auch wenn diese nicht immer ausdrücklich und offensichtlich dargestellt sind, sondern mehr unterschwelligen Charakter besitzen. Man denke beispielsweise an die Göttin Venus, die der griechischen Aphrodite entsprach und häufig nackt und in verführerischer Haltung dargestellt wurde, ohne allerdings in eindeutig sexuelle Handlungen eingebunden zu sein. Auch der Weingott Bacchus besaß ohne Zweifel erotische Züge, die jedoch nicht bei dem Gott selbst, sondern bei seiner Anhängerschaft in orgiastischen und ekstatischen Kultfeiern zu Ehren des Gottes ihren Ausdruck fanden.

Diese Beispiele zeigen, dass es dem heutigen Betrachter ohne entsprechendes Hintergrundwissen oft nicht möglich ist, zwischen dem religiösen und dem erotischen Sinngehalt entsprechender Darstellungen aus der römischen Antike zu

Das Öllämpchen, das zusammen mit einem Amulett im Kastell Zugmantel gefunden wurde, stellt den Fruchtbarkeitsgott Priapos dar.

differenzieren. Wenn wir im Inventarbestand des Saalburgmuseums nach entsprechenden Darstellungen suchen, so sind es vor allem Objekte aus dem Grenzbereich zwischen erotischer Darstellung und apotropäischer Funktion.

Gerade bei einer Gesichtsurne mit Phallusausguss aus dem Lagervordorf des Kastells Zugmantel zeigt sich, dass nicht jeder Gegenstand unbedingt den Zweck erfüllt, dem er auf den ersten Blick dienen mag. Darstellungen des männlichen Gliedes, insbesondere im erigierten Zustand, werden bei dem heutigen Betrachter vor allem erotische Assoziationen auslösen, eine Betrachtungsweise, die auch für die Antike Gültigkeit besitzt – aber eben nicht nur. Bereits in der griechischen Antike gab es Trinkgefäße in Form eines männlichen Gliedes oder mit ausmodelliertem Phallus, aus denen vermutlich beim Gelage (Symposium) getrunken wurde. Gelegentlich finden sich solche Darstellungen auf griechischen Gefäßmalereien. Viele Details des Symposions wurde von den Römern für ihre Trink-Gelage übernommen.

Neben den mit dem Phallus verbundenen sexuellen Freuden hatte das männliche Glied in der griechischen wie auch in der römischen Antike aber auch Unheil abwehrende Wirkung. In dieser Funktion, ausgehend von den positiven Wirkungskräften des Phallus als Inbegriff der Fruchtbarkeit, des Überflusses und der Zeugungskraft, findet er sich als Amulett von Mensch und Tier getragen und diente als wirksamer Schutz gegen negative menschliche und dämonische Einwirkungen. Darstellungen des Phallus als Hilfe gegen solche schädlichen Einflüsse, insbesondere des bösen Blickes, finden sich in Form von Anhängern und Ringen vielfach in römerzeitlichem Fundmaterial und wurden insbesondere von Kindern getragen, die in besonderem Maße als schutzbedürftig galten. Bei dieser über das rein sexuelle hinausgehenden Bedeutung des männlichen Geschlechtsorgans ist es nicht weiter verwunderlich, dass der Phallus oft in geradezu grotesker Überbetonung auch auf Gebrauchsgegenständen des täglichen Lebens auftaucht. Dies gilt auch für ein kleines Bronzelämpchen aus dem Zugmantel-Kastell, das den Fruchtbarkeitsgott Priapos darstellt. Der Einlass bildet die Spitze seines riesigen Phallus. Wolfgang Schmidt

Gesichtsurne mit Phallus-Ausguss – „Gegraben durch Seine Majestät den Kaiser"

Pikanterweise wurde, wie aus dem Grabungstagebuch des Ausgräbers Heinrich Jacobi hervorgeht, eine Gesichtsurne mit Phallus-Ausguss von dem Deutschen Kaiser Wilhelm II. am 20. Mai 1912 in dem Steinkeller 284, östlich des Kastells Zugmantel, persönlich geborgen. Der entsprechende Eintrag im Grabungstagebuch lautet: „Gegraben durch Seine Majestät den Kaiser, welcher eine zweihenklige Gesichtsurne nebst Phallus-Ausguß in der Ecke ausgrub". Bereits als junger Prinz besaß Wilhelm ein starkes Interesse an den archäologischen Ausgrabungen des Limeskastells Saalburg und stellte ab 1897 die finanziellen Mittel zum Wiederaufbau der Saalburg zur Verfügung. Häufiger Gast war der Kaiser auch während der Grabungstätigkeit im Zugmantel-Kastell, und es versteht sich von selbst, dass bei den kaiserlichen Besuchen, in deren Verlauf der Regent oftmals selbst den Spaten zur Hand nahm, attraktives Fundmaterial bewusst deponiert wurde, um vom Kaiser persönlich geborgen zu werden. Falls dieser Verdacht auch für die Phalluskanne zutrifft, spricht es für den Humor des Ausgräbers Heinrich Jacobi, der dem Kaiser die Auffindung eines für die damalige Zeit frivolen Gefäßes überließ.

Allzu menschlich sind neben dieser eindeutig Unheil abwehrenden Funktion die sexuellen Assoziationen, die sich beim Anblick solcher alltäglichen Gegenstände zwangsläufig ergaben. Da zweifellos auch das Phallusgefäß aus dem Zugmantel-Kastell dem praktischen Gebrauch beim Einschenken von Getränken diente, wird man sich unschwer die sinnlich-erotische Wirkung und sicher auch manch schlüpfrigen Kommentar bei den Festteilnehmern vorstellen können.

Essen in der Horizontalen: Meistens lagen die Römer „bei Tisch“ auf dem linken Arm. Die Abbildung von P. Connolly (links) zeigt eine zeichnerische Rekonstruktion des in der Saalburg aufbewahrten Echzeller Trikliniums.

Nachschub für die Versorgung der Soldaten auf der Saalburg: Rund 220 Tonnen Getreide mussten für die dort stationierten Römer pro Jahr angeliefert werden. Unser Bild – ein Gemälde von Carl Nebel (1865–1939) – zeigt die Darstellung einer Lieferung am dortigen horreum (rechts).

Von Breifressern und Trinkgelagen

Römische Orgien sind legendär. Dickbäuchige Angehörige der römischen Oberschicht legten sich allabendlich zum Festgelage nieder und ließen sich von hübschen, leicht bekleideten Mädchen und Lustknaben auserlesene Speisen servieren. Zur Belustigung der Gäste traten Kämpfer auf, die bis zum Tod des Gegners kämpften. Doch nichts war so wichtig, wie Unmengen Wein die Kehle hinabzustürzen. Und hatte man schließlich genug zu sich genommen, griff der edle Römer zur Pfauenfeder, um in seinem Magen wieder Platz für neue Leckereien zu schaffen. Kein Wunder, dass das Römische Reich unterging! So das Bild, das einige Römerfilme und historische Romane unserer Zeit zeichnen. Die Realität sah natürlich anders aus.

Zu Zeiten der Römischen Republik, also etwa der Zeit vor Christi Geburt, galt Bescheidenheit als wichtigste römische Tugend. Grundnahrungsmittel war Getreide. Als Brei (puls) war es so beliebt, dass Dichter die Römer als Pultiphagi, als Brei(fr)esser, bezeichneten. Im Laufe der Zeit haben sich die römischen Essgewohnheiten aber verändert, vor allem auch durch den Einfluss fremder Kulturen und Küchen – ein Phänomen, das wir heute noch sehr gut kennen.

Über Speisen und Essgewohnheiten der Römer sind wir gut informiert. Schriftsteller beschreiben Ablauf und Zusammensetzung von Mahlzeiten, bildliche Darstellungen ergänzen die Berichte. Gerade für die römischen Provinzen sind Bodenfunde wichtig. Reste von Nahrungs-

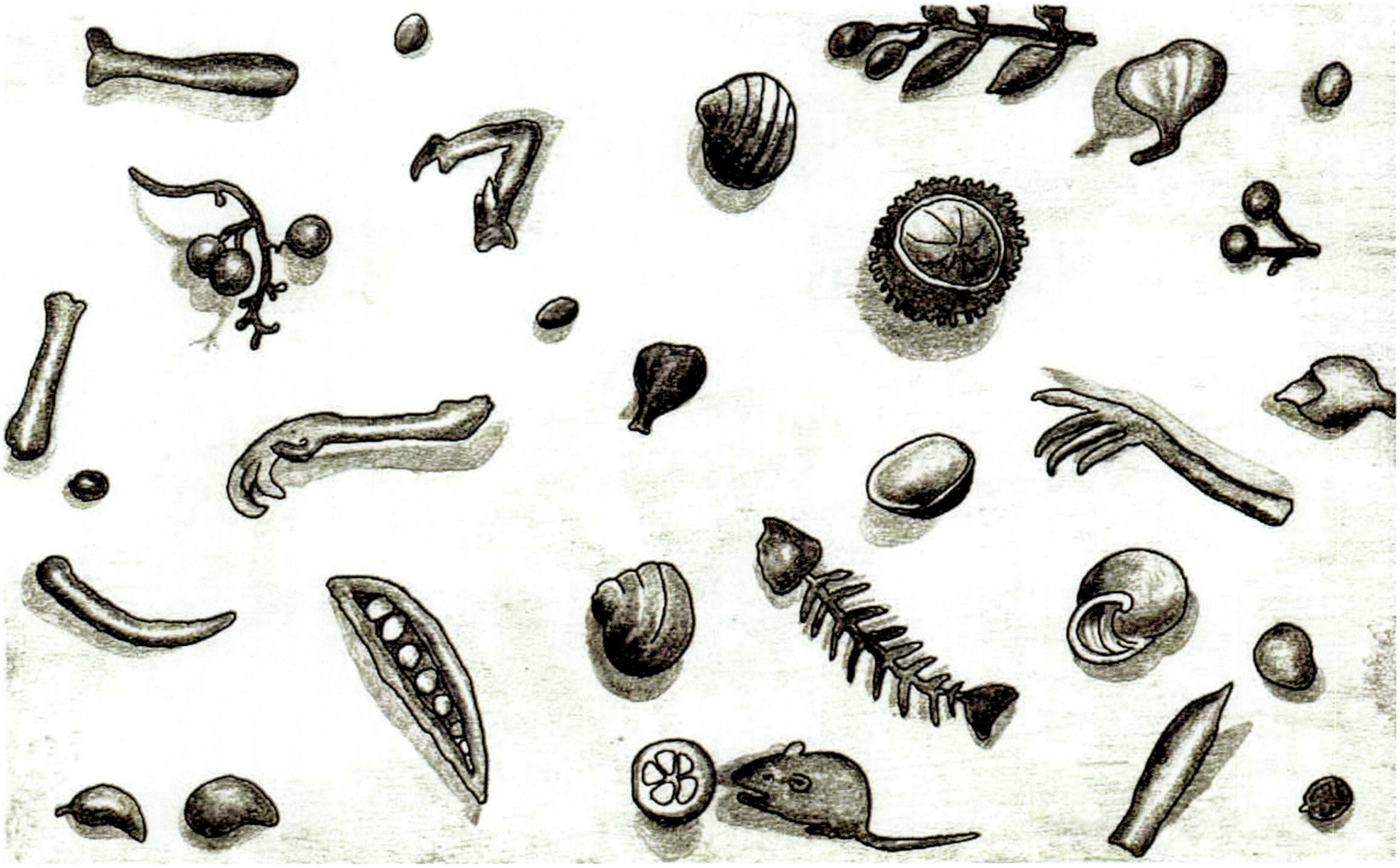

Ein römisches Fußbodenmosaik (Nachzeichnung: M. Mulzer-Adam) spielt auf eine weitere Besonderheit an: Es war eine Gewohnheit der Römer, Speisereste einfach auf den Boden zu werfen.

mitteln haben sich 2000 Jahre im Erdboden erhalten. So finden sich Tierknochen, Obstkerne und Getreidekörner, die uns ein sehr anschauliches und aufschlussreiches Bild des römischen Speiseplans geben. Wir erfahren jedoch auf diese Weise nichts über Zubereitung und Geschmack der Speisen. Erhaltene Rezepte zeigen, dass die Römer in aller Regel kräftig würzten und gegensätzliche Geschmacksrichtungen liebten.

„Wein duftet nach Nektar, Bier aber stinkt nach Bock.“

In mancher Hinsicht gewöhnungsbedürftig sind die römischen Tischsitten. Meistens, aber keineswegs grundsätzlich, lagen die Römer auf den linken Arm gestützt bei Tisch. Ein beidhändiges Essen ist so nicht möglich. Die Speisen wurden derart vorbereitet serviert, dass sie mit den Fingern beziehungsweise dem Löffel gegessen werden konnten. Die Gabel als Essinstrument kam nicht zum Einsatz. Da man bei dieser Essmethode zwangsläufig fettige Finger bekommt, brachten Diener Fingerschüsseln mit Wasser, zudem waren ständig Servietten zur Reinigung greifbar. Diese dienten noch einem anderen Zweck: Der Dichter und große Spötter Martial berichtet, dass geladene Gäste übrig gebliebene Speisen in Servietten einwickelten und mit nach Hause nahmen. Ein armer Römer packte bei einem reichhaltigen Mahl so viel ein, dass er am nächsten Tag durch den Verkauf der Essensreste einen ordentlichen Gewinn erzielte. Wenig appetitlich scheint uns die Gewohnheit zu sein, Essensreste einfach auf den Boden zu werfen. Einige Fußbodenmosaiken spielen auf diese Praxis an.

Die Schilderungen antiker Autoren treffen nicht zwangsläufig auf die Nordprovinzen zu. Jedoch war es sicher so, dass die Römer, als sie sich im 1. Jahrhundert nach Christus im heutigen Hessen festsetzten, viele Annehmlichkeiten der Mittelmeerwelt vermissten. Germanien galt als rau und lebensfeindlich, und so versuchten sie, mediterrane Lebensqualität in den Norden zu übertragen. Erst sie brachten viele Nahrungsmittel mit, die uns heute selbstverständlich sind. Vor allem die Einführung der Gartenkultur markiert einen tiefen Einschnitt. Praktisch alle Kulturobstarten – vom Apfel bis zum Pfirsich – verdanken wir den Römern, und fast alle Gewürzpflanzen, die wir verwenden, brachten sie zu uns.

Was nicht an Ort und Stelle zu produzieren war, führten Händler ein und boten es auf den Märkten feil. Bei Ausgrabungen finden sich häufig Reste von Oliven und Feigen, die in unserer Region nicht wachsen und deshalb getrocknet oder eingelegt importiert wurden. Sogar aus Ostasien stammender Reis hat sich schon gefunden. Das wichtigste Transportbehältnis war die Amphore. Spezielle Formen gab es für drei der wichtigsten Handelsgüter: Wein, Öl und garum, eine Art Fischsauce, die aus der römischen Küche nicht fortzudenken war.

Eine große Rolle für die Versorgung der römischen Zivilsiedlungen im Rhein-Main-Gebiet und der Soldaten am Limes spielten die Gutshöfe (villae rusticae) der Wetterau. Bisher sind rund 250 Anlagen nachgewiesen. Zentraler Handelsort für die produzierten Nahrungsmittel war Nida. Eine Art Kreisstadt, die sich auf dem Gebiet der heutigen Frankfurter Stadtteile Heddernheim und Praunheim befand. Der Fluss Nidda war in römischer Zeit bis weit in die Wetterau hinein schiffbar, sodass die Waren auf einfachem Wege auf den großen Marktplatz von Nida gebracht werden konnten.

Ein wichtiger Abnehmer für Handelsgüter, vor allem Getreide, waren die römischen Truppen. Am Limes in Taunus und Wetterau waren über 8000 Soldaten stationiert. Wenn man eine Tagesration pro Soldat von rund 1 Kilogramm Getreide annimmt – Dinkel war am beliebtesten –, kommt man auf einen Jahresbedarf von über 2900 Tonnen. Alleine die knapp 600 Soldaten der Saalburg benötigten rund 220 Tonnen. Eine durchorganisierte Vorratshaltung war somit unerlässlich. In den Kastellen fand sich immer ein großer Getreidespeicher (horreum). Gemüse und Früchte ergänzten den römischen Speisezettel. Und auch Fleisch spielte eine nicht unerhebliche Rolle. Am stärksten vertreten sind bei Ausgrabungen Rinderknochen, an zweiter Stelle steht das Schwein, das sowohl vor als auch nach der Römerzeit bedeutender war. Interessant ist der große Anteil an Jungrindern, der auf eine spezielle Zucht von Schlachtvieh hindeutet. In nicht römischen Befunden sind meist ältere Tiere vertreten, deren Arbeitskraft bereits erschöpft war. Das römische Getränk schlechthin ist für die meisten sicherlich der Wein, der tatsächlich als Grundnahrungsmittel galt. Doch stillte man seinen Durst zunächst mit Wasser, das in unserer Gegend zumeist mit Brunnen an die Oberfläche befördert wurde. Wein wurde stets mit Wasser verdünnt. Ihn pur zu trinken galt als barbarisch. Aus den Trauben ließ sich auch nicht alkoholischer Saft gewinnen. Als ein Erfrischungsgetränk gilt die posca, eine Art Essigwasser. Bier war zwar bekannt, hat aber im römischen Umfeld keine große Rolle gespielt. Kaiser Julian (360–363 nach Christus) vergleicht Wein und Bier mit folgenden Worten: „Wein duftet nach Nektar, Bier aber stinkt nach Bock."

In Deutschland begann der Weinanbau an Rhein und Mosel in nennenswertem Maße erst im 3. Jahrhundert nach Christus. Nirgends sieht man heute noch die durch die Römer verursachten Veränderungen unserer Kulturlandschaft deutlicher als an diesen beiden Flüssen.

Thomas Richter

In dem Raum östlich des Fahnenheiligtums der Saalburg ist das Speisezimmer (triclinium) eines Reiterabteilungsführers (decurio) aus dem Kastell Echzell untergebracht.

Ein Relief auf einem Sarkophag zeigt das Einbringen der Ernte in der Römerzeit. Mit der Sichel wurde das Getreide geschnitten (obere Reihe). Auf einem zweirädrigen Ochsenkarren wurde die Ernte eingebracht (untere Reihe).

Die Römer bringen Pfeffer

Das römische Landwirtschaftssystem wurde in Hessen im 1. Jahrhundert nach Christi Geburt eingeführt. Von archäologischer Seite kann man es nachweisen durch neuartige Formen von Bauernhöfen, nämlich die als villae rusticae bezeichneten römischen Einzelhöfe. Mit diesem aus Gallien inspirierten fremdartigen Bau- und Lebensstil zeigte der Gutsherr nach außen, dass er als Römer gesehen werden wollte. Was aber aß und trank er auf seinem Landsitz, und was bauten er und seine Angestellten an? Darüber geben die archäologischen Funde kaum Auskunft, hier sind stattdessen naturwissenschaftliche Untersuchungen gefragt. Tierknochen und Pflanzenreste finden sich bei den Ausgrabungen in Abfallgruben und werden von Archäozoologen und Archäobotanikern analysiert. Durch den Vergleich mit heutigen Materialien lassen sich die Grabungsfunde als Tier- und Pflanzenarten bestimmen.

Hacken, jäten, gießen: Die Gartenkultur der Römer

In Zusammenhang mit dem Ende der keltischen Herrschaft und den römischen Eroberungskriegen in den letzten Jahrzehnten vor Christi Geburt brachen die bestehenden Handelsbeziehun-

gen und Absatzmärkte in Hessen zusammen. In dauernde Kämpfe oder deren indirekte Folgen verwickelt, blieb den Bauern kaum oder gar keine Zeit mehr, ihre Felder ordnungsgemäß zu bestellen. Gleichzeitig mussten wahrscheinlich des Öfteren Mengen von Getreide und andere Dinge an die durchziehenden Heere von mehreren Tausend Mann abgegeben werden. Dies alles führte zu Hungersnöten und Raubzügen benachbarter Gruppen.

Die römischen Eroberer schafften hier erst nach der Befriedung im 2. Jahrhundert nach Christi Geburt einen „Wiederaufbau". Es entstanden neben den erwähnten Gutshöfen prosperierende Städte und Dörfer. Dort saßen potenzielle Käufer landwirtschaftlicher Produkte. Weitere zahlende Abnehmer waren die mehreren Tausend in Hessen stationierten römischen Soldaten, die zum Teil aus fernen Ländern kamen und an fremdartige Lebensmittel gewöhnt waren. Dies machten sich schlaue Händler und auch die Bauern zu Nutze und stellten ihre Geschäftsgrundlage entsprechend um. Viele Gartenobstarten, Nüsse, Gemüse und Kräuter, die uns heute selbstverständlich sind, kamen auf diese Weise mit den Römern nach Hessen.

Kelten und Germanen scheuten nach den bisherigen archäobotanischen Ergebnissen den Anbau von Gartenpflanzen. Die Gartenkultur setzte nämlich eine grundlegende Änderung der Einstellung zum Anbau voraus. Schließlich müssen die meisten Gartenpflanzen intensiv gehackt, gejätet, gegossen, beschnitten und gedüngt werden. Dies ist von Nachteil in einer einfachen Landwirtschaft. Denn dazu brauchte man zusätzliche Arbeitskräfte, und Dünger war damals in Ermangelung von Kunstdünger nur schwer zu beschaffen. So zogen es beispielsweise die Kelten vor, teuren Wein aus dem Süden zu importieren, anstatt selbst Weinreben zu kultivieren.

Interessanterweise entstand der Gartenbau auch im italischen Raum erst spät, obwohl ihn die Römer aus Griechenland und anderen Ländern bereits Jahrhunderte kannten. Unter römischer Herrschaft wurden Anbau und Viehzucht mehr am Käufer orientiert, da nun ein großer Teil der Bevölkerung nicht selbst in der Landwirtschaft, sondern beim Militär oder auch als Handwerker oder Dienstleistende tätig waren. All diese Menschen mussten aber mit Grundnahrungsmitteln versorgt werden. Dazu galt es also, die Überschussproduktion durch entsprechende neue Landwirtschaftsschwerpunkte zu verstärken.

Grundnahrungsmittel waren damals neben den tierischen Produkten vor allem Getreide, Hülsenfrüchte und Ölpflanzen. Das römische Landwirtschaftssystem war dabei im Gegensatz zu dem keltischen auf die ertragsstärksten Kulturpflanzenarten beschränkt. Die Wintergetreide Dinkel (unreif Grünkern genannt), Vierzeilige Spelzgerste und Nacktweizen dominierten. Die-

Auf einem Mosaik aus Nordafrika ist ein Bauer bei der Ernte zu sehen (oben). Einen Getreidemesser bei der Arbeit zeigt ein Mosaik, das in Ostia gefunden wurde (unten).
Beide Abbildungen geben wichtige Aufschlüsse über die Landwirtschaft im Römischen Reich.

Die Archäobotanik hat inzwischen bewiesen, dass in Hessen Gewürze wie Pfeffer zwar nicht angebaut, wohl aber verwendet wurden (oben).

Der Anbau von Obst, wie etwa Pfirsiche, geht aber auf die Römer zurück (unten).

se Kohlenhydratspender wurden von den eiweißreichen Hülsenfrüchten Erbse, Linse und Ackerbohne sowie den Ölpflanzen Lein und Schlaf-Mohn ergänzt. Hinzu kam natürlich weiterhin eine Vielzahl an Dingen, die sich in Wald und Feld sammeln oder fangen ließen, wie Beeren und Haselnüsse, Kräuter und Pilze, Schnecken, Muscheln und Fische und das jagdbare Wild.

Die Felder wurden, wie die gefundenen Unkräuter nahe legen, nicht allzu sorgfältig gepflegt, zwar mehr als bei den Germanen, aber doch deutlich schlechter als bei den Kelten. Hier sparte man vermutlich am Personal. Die betreffenden Angestellten oder Sklaven ließen sich gewinnbringender bei anderen Tätigkeiten, etwa dem Gartenbau, einsetzten. Gartenbau lohnte sich als Erwerbsquelle insbesondere für die verkehrsgünstig in der Nähe von Städten oder Militärlagern gelegenen Bauernhöfe. Die erzeugten Frischwaren wie Obst, Gemüse und Kräuter konnten auf den nahe gelegenen Märkten abgesetzt werden.

Wir erfahren aus den antiken Schriftquellen, dass arme Gutspächter das von ihnen angebaute Gemüse, die Kräuter und das Obst nicht selbst verzehren durften, sondern auf den Verkauf angewiesen waren, um ihr Auskommen zu finden. Reiche Leute konnten stattdessen ausgedehnte Essgelage abhalten, bei denen sie darum wetteiferten, einander mit exotischen Zutaten und Gerichten auszustechen. Hier spielten auch importierte Dinge eine Rolle. Anhand der botanischen Funde sind inzwischen Olive, Pinienkerne und sogar Pfeffer aus Indien nachgewiesen.

Ebenso zeigen beispielsweise Austernschalen und Reste von Mittelmeer-Makrelen, dass die Kosten eines Ferntransportes nicht gescheut wurden. Vom überregionalen Weinhandel zeugen darüber hinaus Fässer aus Tannenholz. Da die Tanne in Hessen natürlicherweise nicht wächst, muss das in den Siedlungen gefundene Holz importiert worden sein.

Man vermutet, dass bei den Gutshöfen je nach Lage, Ausdehnung und Abnehmerkreis gewisse Schwerpunkte im Sinne einer Spezialisierung auf bestimmte Kulturpflanzen, Haustiere oder pflanzliche und tierische Produkte gegeben waren. Um diese Hypothese wissenschaftlich abzusichern, müssen allerdings künftig noch viel mehr Fundstellen in Zusammenarbeit von Archäologie und Naturwissenschaften untersucht werden.

Angela Kreuz

Blick in das Hofgelände einer villa rustica im 2. Jahrhundert. Die Skizze wurde anhand von Grabungsergebnissen einer Anlage bei Gambach gefertigt.

Gutshöfe im Schatten des Limes

Wer sich der Landwirtschaft widmen will, muss wissen, dass er vor allen Dingen Sachkenntnis, Zahlungsfähigkeit und Arbeitswillen dazu mitbringen muss." Kaum treffender kann man die noch heute gültigen Voraussetzungen für einen landwirtschaftlichen Betrieb schildern, wie es der römische Agrarschriftsteller Columella im 1. Jahrhundert nach Christus getan hat. Immerhin war in der Antike der größte Teil der Bevölkerung in der Landwirtschaft tätig. Viele Betriebe versorgten im römischen Grenzgebiet hinter dem Taunus-Limes das Militär und die Zivilbevölkerung in den Städten und Kastelldörfern mit landwirtschaftlichen Produkten.

Die ersten Gutshöfe, villae rusticae genannt, wurden in den Jahrzehnten um 100 nach Christus errichtet. Nach und nach war das Limesgebiet schließlich mit einem dichten Netz überzogen. Damals gab es keine Bauerndörfer, sondern nur freistehende Einzelgehöfte, vergleichbar mit unseren heutigen Aussiedlerhöfen. Diese Art der Bewirtschaftung brachten die Römer aus dem Mittelmeergebiet und Gallien mit in unsere Gegend. Bereits seit einigen Jahren wird die ländliche Besiedlung in der civitas Taunensium, zu der auch das Taunusvorland gehörte, durch Jörg Lindenthal und die Verfasserin erforscht.
Inzwischen kennt man im gesamten Civitasgebiet rund 450 römische Gutshöfe. Wahrschein-

Ein Teil der villa rustica in Ober-Eschbach ist von Archäologen konserviert worden (rechts). Die Bewohner der villa mussten auf Annehmlichkeiten nicht verzichten, sie hatten sogar eine Badeanlage (kleiner Raum am linken Bildrand).

Besucher können sich heute durch die Beschilderung über den Gutshof informieren, beispielsweise darüber wie der Keller üblicherweise genutzt wurde (oben).

lich war ihre Zahl aber noch weit größer. Besonders zahlreich waren die ländlichen Siedlungen im Taunusvorland. Diese Erkenntnis geht maßgeblich auf den guten Forschungsstand zurück. Seit Jahren werden nämlich in diesem Gebiet von Heimat- und Geschichtsvereinen, archäologischen Arbeitsgemeinschaften und Ehrenamtlichen der Archäologischen Denkmalpflege Geländebegehungen und Baubeobachtungen durchgeführt. Außerdem konnten etliche Plätze durch Luftbildarchäologie entdeckt werden. Hier zeichnen sich die Mauern der Gebäude im Getreideacker deutlich ab.

„Zunächst soll man (...) die Gegend auf ihre gesunde Lage hin betrachten, und danach soll man die Gutshöfe anlegen. Ihre Größe bestimme man nach der Größe des Ackers und nach dem Ertrag der Feldfrüchte." Diese Empfehlung gab der römische Architekt Vitruvius im 1. Jahrhundert nach Christus. Und tatsächlich orientierte man sich auch im Taunus- und Wetteraugebiet am Geländerelief, an Gewässern und am Straßennetz.

Meist lagen die Gehöfte an einem Hang über einem Wasserlauf. Beobachten kann man das im Hochtaunuskreis am Seulbach, Eschbach und Dornbach. Wie Perlen an einer Kette reihte sich hier Hof an Hof. Doch auch nahe Römerstraßen konnten den Ausschlag bei der Wahl des Platzes geben. Gut beobachten lässt sich das an der Römerstraße, die von der Saalburg zur römischen Stadt Nida (heute Frankfurt-Heddernheim) führte. Hier sind an einem nur vier Kilometer langen Abschnitt durch die Gemarkungen der Städte Oberursel und Bad Homburg schon jetzt sechs Römerhöfe bekannt. Der Abstand zwischen ihnen betrug demnach nur wenige Hundert Meter.

Grabungen zeigen, dass die römischen Gebäude zu Anfang wohl häufig in Fachwerkbauweise

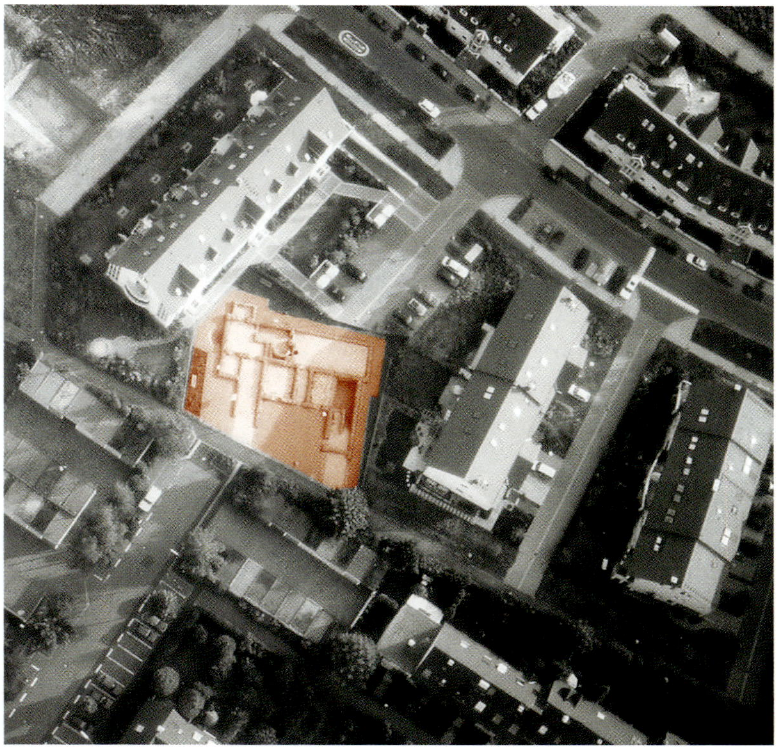

Aus der Luft lässt sich der Grundriss der villa rustica in Ober-Eschbach gut erkennen. Ebenso, dass ein Teil der Anlage überbaut worden ist.

errichtet wurden. Als Obergermanien im 2. Jahrhundert nach Christus zu wirtschaftlicher Blüte gelangte und es den Bauern offenbar auch gut ging, bauten viele von ihnen den Hof in Stein aus. Eine hohe Mauer umschloss das Hofgelände. Hier befanden sich das Hauptgebäude, ein beheizbares Bad, Scheunen und Werkstätten. Große Anlagen verfügten wohl oft über mehrere Wohnbauten. Das Haupthaus lag immer in exponierter Lage, sodass man von dort das Gelände überblicken konnte. Bei Ausgrabungen kamen auch Hinweise auf Garten- und Teichanlagen zu Tage.

Einzig Ställe ließen sich bislang nicht nachweisen. Möglicherweise blieb das Vieh auch im Winter im Freien. Botanische Untersuchungen lassen vermuten, dass man im Limesgebiet hauptsächlich Ackerbau betrieb, weniger Viehwirtschaft. Immerhin mussten nach Berechnungen von Dietwulf Baatz und Angela Kreuz im Jahr 166 nach Christus rund 8500 Soldaten am Wetterau-Limes versorgt werden.

Zu gerne wüsste man, wie sich die Verträge der Landwirte mit der Militärverwaltung gestalteten. In diesen Zusammenhang gehören wohl auch Gebäudekomplexe, die offenbar nur über Speicherbauten verfügten. Eine solche Anlage entdeckte man bei Eschborn in der Flur „Am Auenberg". Hier konnte oberhalb des Westerbaches eine 2200 Quadratmeter große Anlage mit einem 7,50 mal 8,40 Meter großen Turmspeicher freigelegt werden. Funde wie Münzen, Gewandspangen und Keramik belegen eine Nutzungsdauer bis weit in das 3. Jahrhundert nach Christus hinein.

Das Haupthaus lag immer in exponierter Lage, sodass man von dort das Gelände überblicken konnte.

Durch die Forschungen der vergangenen Jahre wurde das Bild der ländlichen Besiedlung viel deutlicher. Demnach gab es kleine Anlagen von etwa 5000 Quadratmeter Hoffläche, die nur über ein Steingebäude verfügten. Eine solche dürfte die villa rustica „Schützbrett" bei Bad Homburg-Gonzenheim gewesen sein, die bereits 1880 freigelegt wurde. Recht zahlreich sind die Anlagen mit durchschnittlich 10 000 Quadratmetern Hoffläche. Hier sind mehrere Steingebäude nachzuweisen. Die großen Anlagen können bis zu 40 000 Quadratmeter Fläche haben, häufiger sind etwa 20 000 Quadratmeter auszumachen.

Eine Aufsehen erregende Ausgrabung fand 1991/92 am südwestlichen Ortsrand von Ober-Eschbach in einem Neubaugebiet statt. Hier untersuchte man in der Flur „Steinkritz" einen Teil des Haupthauses einer villa rustica. Im Ost-

Ein Grabungsschnitt zeigt den Aufbau des Mauerwerks der Ober-Eschbacher villa rustica aus kleinen Basaltbruchsteinen im Fundament und gehauenen Quadern im oberen Teil.

teil des sehr großen Gebäudes war ein beheiztes Bad eingebaut. Die teilrekonstruierten Grundmauern sind heute zu besichtigen.

Auch diese Grabung zeigte, dass die Wohngebäude der großen Hofanlagen sehr aufwändig gestaltet sein konnten. Fast alle haben an der bis zu 40 Meter breiten Front zwei Ecktürme, so genannte Risalite. Von Luftbildaufnahmen weiß man, dass es sogar Gebäude mit zwei Risaliten an der Vorder- und zwei an der Rückfront gab. Eine überdachte Veranda (porticus) verband die beiden Gebäudeteile. Hier konnte man es sich nach Feierabend gemütlich machen und das Treiben auf dem Hof verfolgen. Noch umstritten in der Forschung ist hingegen die Frage, ob die Gebäude eine überdachte Halle oder einen offenen Innenhof besaßen. Wahrscheinlich wird man dies nicht verallgemeinern dürfen, sondern je nach Baubefund entscheiden müssen.

Immerhin kann man aber von bis zu 300 Quadratmetern Wohnfläche ausgehen. Dass die Besitzer solcher Anlagen sehr vermögend waren, ist unbestritten. Im Keller lagerten neben den Produkten vom eigenen Hof sicher auch manche Spezereien wie Olivenöl aus Spanien, Fischsoße aus Frankreich und Wein von der Mosel oder von noch weiter her. Die Wohnräume waren je nach Geschmack und Finanzen mit Wandmalereien prächtig ausgestattet. Dazu gibt es entsprechendes Fundmaterial aus Grabungen. In Bad Vilbel entdeckte man sogar Räume einer Anlage, die Mosaikböden aufwiesen. Die Ausstattung mit edlem Mobiliar, Accessoires und Dekostoffen kann man sich heute nur noch vorstellen, davon ist nichts mehr erhalten geblieben. Viele der Hofbesitzer werden ihren Reichtum nicht allein aus der Landwirtschaft gewonnen haben. Dass sich Soldaten nach ihrer Entlassung aus dem Militärdienst von ihren Ersparnissen ein Gehöft zulegten, ist eher fraglich, denn von der Landwirtschaft muss man schon etwas verstehen. Und jung waren die Veteranen auch nicht mehr. Einen Beleg gibt es immerhin im Rhein-Main-Gebiet, denn im Wetteraukreis fand sich vor einigen Jahren ein Inschriftenstein einer Jupitersäule. Hier bezeichnet sich der Stifter als „veteranus“, also als ehemaliger römischer Soldat.

Sicher scheint nur, dass mit dem römischen Militär Zivilbevölkerung aus dem gallischen Gebiet, vielleicht auch aus dem Trierer Raum ins rechtsrheinische Limesgebiet einwanderte. Diese Menschen waren romanisiert und bauten landwirtschaftliche Betriebe daher auch so, wie sie es aus ihrer alten Heimat kannten. Was indes mit der germanischen Bevölkerung, die hier im ersten Jahrhundert nach Christus siedelte, geschah, entzieht sich – bislang – unserer Kenntnis.

Vera Rupp

Der Handwerker – ein Künstler

„… alle Handwerker betätigen sich in einer schmutzigen Kunst. Denn eine Werkstatt kann nichts Freies haben."

Dieses vernichtende Urteil aus der Feder von Cicero (de Officiis I, 150) wirft ein deutliches Licht auf die Stellung des Handwerkers in der Antike. Wer seinen Lebensunterhalt durch seiner Hände Arbeit bestreiten musste, hatte in den Augen der römischen Oberschicht kein gesellschaftliches Prestige zu erwarten. Anerkennung fanden lediglich einzelne Berufssparten wie die Baukunst oder die Heilkunst, die auf Grund ihres höheren geistigen Anspruchs als ehrbar gelten konnten.

Wie passt nun dieses in der römischen Literatur weit verbreitete Urteil in das Bild, das sich uns in den Provinzen zeigt? Selbstbewusst präsentieren sich Handwerker aller Berufsgruppen beispielsweise auf zahlreichen Grabsteinen. Immer wieder begegnen uns Darstellungen des Handwerkers bei der Arbeit, sei es nun der Schiffsbauer P. Longidienus oder das Relief eines Metzgers aus Rom, der stolz noch seine des Lesens und Schreibens kundige Frau mit abbilden lässt. Schmiede, Schlosser und Zimmerleute lassen sich in ihren Werkstätten und Läden zeigen, der Maurer präsentiert sein Werkzeug auf dem Grabstein.

Die typische Betriebsform im römischen Handwerk war der Kleinbetrieb, bestehend aus dem Inhaber und wenigen freien oder unfreien Gesellen. Oft gab es auch den klassischen Ein-Mann-Betrieb. Im städtischen Bereich waren Werkstatt und Verkaufsraum meist unmittelbar miteinander verbunden, im rückwärtigen Teil der Häuser lagen die Werkstätten und Wohnbereiche, zur Straße hin öffnete sich der Verkaufstresen. Wenig weiß man über die Ausbildung im Handwerk, sie fand aber wohl ausschließlich im Betrieb statt. Oft ging der Beruf vom Vater auf den Sohn über.

Von der römischen Handwerkskunst zeugt dieser so genannte Verwahrfund, der auf der Saalburg ausgestellt ist. Der Eimer mit dem Werkzeug wird heute noch von Eisenbändern zusammengehalten, die aus römischer Zeit stammen.

Die Formschüssel und zugehörige Terra-Sigillata-Ausformung (links) entstammen der Großproduktion dieser Keramiken in römischer Zeit.

Obwohl sie in den oberen römischen Schichten nicht hoch angesehen waren, zeugen die Grabsteine der Handwerker doch von großem Stolz auf ihre Kunstfertigkeit. So auch P. Longidienus, ein Schiffsbauer, der seinen Beruf auf dem Grabstein verewigte (rechts). Der Stein wird heute im Museo Nazionale in Ravenna aufbewahrt.

Über die Wirtschaftsstruktur der römischen Welt sind insgesamt nur wenige Detailkenntnisse verfügbar. Es gibt keine Regierungsakten oder gar offizielle Statistiken, die analytische Einblicke in Fragen der Produktivität, des Handels und der Arbeitsmarktverhältnisse erlauben würden. Nur bei wenigen Branchen sind Entwicklungen spürbar, die Qualitäten vorindustrieller Betriebsstrukturen erkennen lassen. Besonders eindrucksvoll und einzigartig sind in diesem Zusammenhang die großen Manufakturen des römischen Luxusgeschirrs, der so genannten Terra Sigillata, die in Südfrankreich und später zum Beispiel in Rheinzabern (Rheinland-Pfalz) bedeutende Produktionsstandorte fand.

Neben dem beachtlichen Umstand, dass in diesen Manufakturen ein im heutigen Verständnis normiertes und reichsweit gleichförmiges Spektrum an Gefäßformen kreiert wurde, ist die Entwicklung der Produktionsform wirtschaftsgeschichtlich besonders spannend. Bei Ausgrabungen in La Graufesenque (Frankreich), in römischer Zeit einer der bedeutendsten Produktionsorte, fanden sich Töpferei-Abrechnungen, die detaillierten Aufschluss über den Umfang der produzierten Ware geben. Anhand dieser Abrechnungen lässt sich eine Jahresproduktion von bis zu 300 000 Gefäßen pro Werkstatt errechnen.

In Rheinzabern kann man in der Blütezeit bei mehreren gleichzeitig arbeitenden Werkstätten gar von einer Jahresproduktion von über einer Million Gefäßen ausgehen.

Der Produktionsablauf war in diesen Manufakturen – im Gegensatz zu den Kleinbetrieben – arbeitsteilig organisiert, die Geschirre wurden im Akkord als Massenware hergestellt und weit über die Provinzgrenzen hinaus verhandelt. Besonders beachtenswert ist der Umstand, dass bereits in diesen Manufakturen Formen als Hilfsmittel zum Einsatz kamen, die es – ähnlich der Produktionsweise in modernen Keramikbetrieben – erlaubten, Hunderte von dekorgleichen Gefäßen herzustellen. Selbst die Trennung zwischen Designer und Produktionsarbeiter war bereits vollzogen. Der Erfolg der Manufakturen lässt sich noch heute nachvollziehen: Nahezu an allen römerzeitlichen Fundplätzen finden sich Scherben des edlen Tafelgeschirrs. Die Herstellung des gewöhnlichen Keramikgeschirrs erfolgte im Gegensatz zur Terra Sigillata meist in kleinen Töpfereien, die ihre Waren nur in einem lokalen Umfeld absetzen konnten.

Ebenfalls in größeren Betriebseinheiten organisiert waren Produktionszweige wie die Ziegelherstellung, das Eisen verarbeitende Gewerbe, die Glasproduktion und die Textilbranche. Der Siegeszug des Glases als Werkstoff setzte mit der Erfindung der Glasmacherpfeife um die Mitte des 1. Jahrhunderts vor Christus ein. Durch die neue Technik konnten die Herstellungskosten drastisch gesenkt werden, das bisherige Luxusgut wurde damit für breitere Schichten erschwinglich. Zu einem führenden Zentrum der Glasproduktion entwickelte sich ab der Mitte des 1. Jahrhunderts nach Christus das Rheinland. Glas wurde zum Teil über weite Strecken gehandelt.

Das Handwerk war in seiner Gesamtheit neben Landwirtschaft und Handel etablierter Bestandteil des römischen Wirtschaftssystems. Daran änderte auch die eingangs zitierte abwertende Sichtweise der römischen Oberschicht wenig. Gerade in der Spätantike erfuhr das Handwerk sogar besondere Wertschätzung:

Wer eine Kunst verstand, war von öffentlichen Lasten, dem Wehrdienst und der Steuerpflicht befreit. In dem im Jahre 438 von Theodosius II. erlassenen Codex Theodosianus, der ältesten römischen Gesetzessammlung, sind allein 337 Handwerke dementsprechend privilegiert. Die aus heutiger Sicht gesetzlich verankerte „Subventionierung" diente dem Ziel, Qualitätsmaßstäbe zu sichern und die Ausbildung von Nachwuchskräften zu gewährleisten. Vom Können der antiken Handwerker zeugen noch heute unzählige Relikte in den archäologischen Museen. Exemplarisch sei hier auf einen Depotfund verwiesen, der im Saalburgmuseum ausgestellt ist. In einem Holzeimer war eine Vielzahl an Werkzeugen und Geräten verwahrt worden, die noch heute von den Eisenbändern des sonst vergangenen Holzeimers zusammengehalten werden. Neben dem Handwerkszeug der ehemals über 525 bekannten Handwerksberufe steht eine Vielzahl von Produkten, die noch heute von der Kunstfertigkeit und dem Erfindungsreichtum ihrer Schöpfer zeugen. Elke Löhnig

So wurde es gemacht: Zuerst wurden so genannte Formschüsseln hergestellt (links), die dann wiederum für die Produktion des römischen Luxusgeschirrs, der Terra Sigillata (unten), dienten.

Geschirr, wie es um 1800 in Seulberg verwendet wurde.

Der Aulofen und die Römer

In Seulberg hat sich der einzige Töpfer-Brennofen in der ehemaligen Landgrafschaft Hessen-Homburg – wenn auch nur als äußere Gebäudehülle – erhalten. In der Heimatgeschichtsforschung spielte er schon früh eine Rolle. Bedingt durch die archäologischen Sondierungen rund um die Saalburg und den Limes wurden damals auch immer wieder mittelalterliche und frühneuzeitliche Hinterlassenschaften in den Dunstkreis römischer Traditionen gerückt. So auch die Handwerkstradition der Seulberger Töpferei und deren erhalten gebliebener Brennofen.

Anlässlich einer Grabung im Jahr 1873 wurde der Grabungsleiter, Baurat Louis Jacobi, auf das Gebäude aufmerksam. Wir wollen es gleich vorwegschicken – dies war bereits der einzige „Kontakt“ des Aulofens mit den „Römern“, denn das Gebäude wurde erst 1821 gebaut und erinnert heute als Rudiment dennoch am augenscheinlichsten an die längst vergangene Handwerkstradition der „Selwischer Hävener“.

Das von August von Cohausen darauf in den Nassauischen Annalen beschriebene „mit Ziegel gedeckte kleine Gebäude“ ohne alle Inneneinbauten ist der kärgliche Rest des letzten Seulberger Aulofens.

Während der Ausgrabung auf der Flur „Hünerburg“ erweckten die Bruchstücke einiger sehr roher Töpfe besondere Beachtung. Bei deren

Anblick rief ein mit der Grabung beschäftigter Arbeiter begeistert: „Die sind ja wie an unserem Aulofen.“ Folgenreiche Worte, die zwar aus dem Seulberger Aulofen keinen römischen Veteranen machen, sie kosteten aber dem einzigen erhalten gebliebenen baulichen Relikt der weit gerühmten Handwerkstradition sein Innenleben.

Die Ausgräber, Louis Jacobi und August von Cohausen, ließen sich daraufhin zum „Aul- oder Häfnerofen“ führen und stellten fest, dass dies eine für die damalige Erkenntnislage der Forschung ungewöhnliche Konstruktion sei: „Das merkwürdigste aber an diesem Ofen ist sein Gewölbe. Es beginnt 80 Zentimeter über dem Boden und besteht aus Kränzen ineinander gesteckter Töpfe ... Dieselben sind abwechselnd in einem Kranz von rechts nach links, im nächsten umgekehrt, in einander gesteckt. Sie bleiben leer, sind aber sowohl von unten als von oben mit Strohlehm beworfen und bestochen. Diese Töpfe waren es, welche unsere Aufmerksamkeit auch deshalb erregten, weil sich eben solche und ähnliche ziemlich zahlreich im Museum zu Wiesbaden finden.“ Diese „Wölbtöpfe“, die das Gewölbe des Aulofens bildeten, waren zwar ziemlich roh und ungewöhnlich in ihrer Form, doch es war allen Beteiligten dann doch bald klar, dass sie durchaus nichts mit den Römern zu tun haben konnten.

Der Aulofen in Seulberg (links eine grafische Darstellung) ist das letzte Relikt des einst blühenden Töpferhandwerks in der Landgrafschaft Hessen-Homburg.

Heutige Keramikforscher raufen sich insgeheim die Haare – Schatzgräberstimmung gepaart mit Römerbegeisterung? Was gäben wir heute dafür, wenn wir einen solchen Brennofen wohl erhalten vor uns hätten. Was erhalten blieb, ist ein lang gestreckter niedriger Fachwerkbau ohne große Besonderheiten, sieht man von den später in den Südgiebel eingemauerten Versatzstücken von Wölbtöpfen und Kacheln einmal ab.

Ritter von Marx charakterisiert 1908 in seiner Schrift „Auf zum Taunus“ Seulberg so: „Vermutlich in den Zeiten der Römer gegründet, denen die reichhaltigen Tonlager in der Gemarkung bekannt gewesen sein müssen, wie die große Menge der vorgefundenen Töpfergeschirre römischen Ursprungs beweist, ist Seulberg eine der ältesten Gemeinden aus der Umgebung Homburgs. Im Jahre 849 wird es zuerst unter dem Namen Sulenburc erwähnt und später Saulburg und dann Seulberg genannt.“ Woher er die Nachricht hatte, dass „die große Menge der vorgefundenen Töpfergeschirre“ auch in Seulberg produziert worden sein soll, ist uns unerfindlich, denn bis heute sind in Seulberg und Umgebung keinerlei Spuren römischer Töpfereibetriebe nachweisbar.

Derjenige, der Töpfe herzustellen wusste, wurde im Mittelalter als „Aulner“, „Ulner“ oder „Euler“ bezeichnet.

Wir wollen im Folgenden deshalb weitere Gesichtspunkte pro und kontra einer römischen Keramikproduktion in Seulberg zusammentragen und dabei auch den „Aulofen“ nicht aus dem Auge lassen.

Der Ortsname Seulberg lässt durchaus die Vermutung zu, dass das Töpferhandwerk hier schon sehr lange gepflegt worden sein muss.

Der Wortstamm, der in diesem Namen steckt, ist der lateinischen Sprache entlehnt, denn in „Aul-“ oder „Ul-“ lebt der lateinische Begriff „olla“ für den im Deutschen „Topf“ genannten Gebrauchsgegenstand weiter. Als „Aulner“, „Ulner“ oder auch „Euler“ bezeichnete man im Mittelalter denjenigen, der Töpfe herzustellen wusste. Der Ortsname zeigt somit aber auch

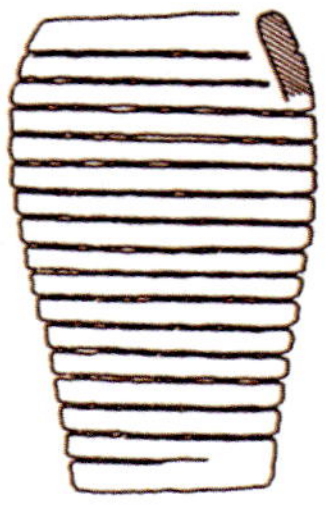

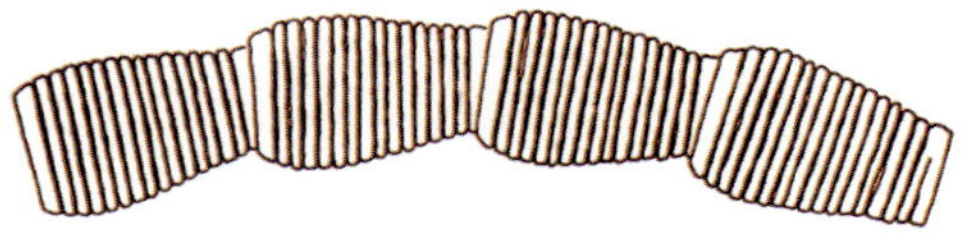

„Wölbtöpfe“ bildeten das Deckengewölbe des Brennofens. Die Töpfe wurden dazu bogenförmig ineinander gesteckt (unten). Versatzstücke sind heute in der Giebelwand eingemauert.

deutlich auf, dass das Töpfern hier die namengebende Besonderheit darstellte.

Am 22. Juli 1914 wurde auf der Plantation in Friedrichsdorf gegraben, und dieses Mal gab es tatsächlich römische Spuren zu entdecken. Der Taunusanzeiger Friedrichsdorf berichtete am 25. und 29. Juli 1914: „Am Mittwoch Nachmittag verschwand einem Arbeiter des Herrn Maurermeister Gauterin beim Ausgraben eines Fundamentes zu einer Mauer zwischen dem Anwesen des Herrn Filder und dem angrenzenden städtischen Gelände plötzlich ein Stemmeisen in einer Vertiefung. Zufällig kam Herr Charles Wiefett hinzu, der veranlaßte, daß an der Stelle weitergegraben wurde. Man stieß auf ein altes Gewölbe. Herr Lehrer Gruner ... benachrichtigte sofort Herrn Baurat Jacobi davon in der richtigen Annahme, daß es sich um ein Bauwerk aus römischer Zeit handele. Es handelt sich allen Anzeichen nach um einen römischen Ziegelofen, denn es wurden bereits

Von den Ergebnissen der Ausgrabung am ersten nachgewiesenen römischen Ziegelofen in Friedrichsdorf zeugen die Skizzen aus dem Saalburg-Jahrbuch.

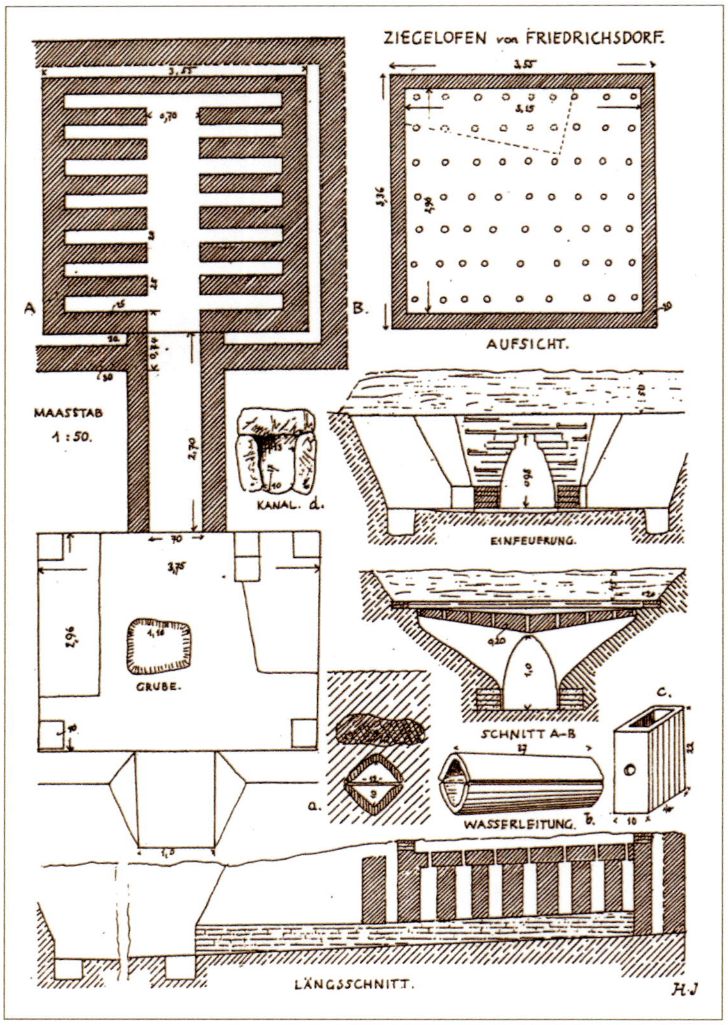

mehrere Ziegelarten etc. gefunden. Die ganze Anlage soll zunächst freigelegt werden und dürften dann wohl die Nachforschungen noch fortgesetzt werden, da verschiedene Anzeichen darauf hindeuten, daß noch weitere Überbleibsel einer römischen Ansiedlung in der Nähe sind.“
Diese Arbeiten mussten jedoch wegen des Ausbruchs des Ersten Weltkrieges zunächst unterbrochen werden. Im August und September 1916 wird wieder in Friedrichsdorf gegraben. Heinrich Jacobi schreibt zur Ausgrabung: „Der Ofen liegt auf dem Höhenzug nördlich des Tälchens, welches durch den Abfluß des Schnepfenborns und den auf der Höhe bei Dillingen gelegenen Quellen gebildet wird. Für die Wahl dieser Höhenlage muß wohl die Rücksicht, daß der Ofen dort einen besseren Zug hat als im anschließenden Tälchen bestimmend gewesen sein. Das für die Ziegelfabrikation in größerer Menge unbedingt nötige Wasser mußte deshalb anscheinend von dem höher gelegenen Dillinger Quellengebiet am Talrande entlang nach dem Ofen geleitet werden. Diese Wasserzuleitung ist auf einer Länge von 210 Meter nachgewiesen.“
Was offen blieb bei diesen Ausgrabungen ist die Frage, ob in diesem Ofen lediglich Zieglerprodukte gebrannt worden waren. In welchem Maße womöglich auch Gefäße hergestellt wurden, ist aus den veröffentlichten Berichten zu den Ausgrabungen nicht ersichtlich. Grundsätzlich scheint der aufgefundene Ofentyp für beide Produktionsformen tauglich gewesen zu sein. Die Einschätzung, dass in diesem Bereich Töpfer und Ziegler für den Bedarf der Saalburg angesiedelt waren, scheint damit durchaus ihre Berechtigung zu haben.

Damit waren die Nachforschungen um die römische Töpfer- und Zieglerproduktion beendet. Sie wurden auch in späteren Zeiten niemals mehr systematisch weiterverfolgt. Mit dem Ofenmauerwerk auf der Plantation hatte die „römische Töpfereitradition“ immerhin eine greifbare Spur im Boden hinterlassen.

Zur Ansicht“, schrieb Jacobi in seinen Notizen, „dass das Seulberger Töpferhandwerk bis zur Römerzeit zurück gehe, kann noch weiter aufgeführt werden, dass in der Thongrube (Erdkaut), die der Seulberger Zunft gehört, in früherer Zeit, als sie noch benutzt wurde, römische Scherben, besonders Töpfe und Lämpchen gefunden worden sind. Auf einer Wiese davor, die auch der Zunft zur Benutzung gehörte – Eigenthum der Gemeinde –, sind, wie ich mit Bestimmtheit von einem zuverlässigen Mann erfahren habe, römische Gräber gefunden – es ist die Erdkaut gemeint, die hinter Friedrichsdorf nach Seulberg zu lag.“ Jacobi ging also noch davon aus, dass das Seulberger Töpferhandwerk bis in die Römerzeit zurückgereicht habe.
Unabhängig davon, dass Jacobi diese Funde nur vom Hörensagen kannte, ist damit allenfalls bewiesen, dass die spätmittelalterlichen beziehungsweise neuzeitlichen Töpfer die gleichen Tonvorkommen ausgebeutet haben. Selbst wenn zur Römerzeit an einer bislang noch unentdeckt gebliebenen Stelle der Gemarkung der heutigen Großgemeinde Friedrichsdorf getöpfert worden ist, so ist dies nicht gleichbedeutend mit einer durchgängigen Tradition. Für die nach der Römerzeit folgenden Jahrhunderte, bis zum frühen und hohen Mittelalter fehlen uns bis heute alle Belege. Die natürlichen Voraussetzungen der Tonvorkommen und des Holzreichtums der Taunuswaldungen hatten wahrscheinlich sowohl zur Römerzeit als auch im Mittelalter die Entstehung bedeutender Töpfereien in dieser Region begünstigt.
Außer Zweifel steht, dass in diesem Gebiet dann im Spätmittelalter das Töpferhandwerk aufblühte und beispielsweise in Seulberg, aber auch in anderen benachbarten Orten wie Köppern, Burgholzhausen und Rodheim zu großer Blüte gelangte.
Übrigens, und das sei zum Schluss noch einmal gesagt, fehlen bislang auch noch immer Bodenfunde von Töpfereiabwurf der neuzeitlichen Töpfereien, der das genaue Aussehen der hier in den genannten Orten produzierten Waren eindeutig belegt.

Karl Baeumerth

Fotos:Lampert/Montage:FNP-Layout

Szene aus dem Vicus, dem kleinen Dorf, vor den Toren der Saalburg: Die Streifenhäuser (links und rechts) waren charakteristisch für die ländlichen Siedlungen.

Bauen für die Ewigkeit

Kaum eine andere Epoche hat die Baukunst und Bautechnik Europas so nachhaltig geprägt wie das Zeitalter der römischen Herrschaft. Noch heute beeindrucken die Großbauten aus dieser Zeit durch ihre Gestaltung und Monumentalität. Das Kolosseum mit einem Fassungsvermögen von 50 000 Personen, der 650 Meter lange Circus Maximus, der Platz für 200 000 Besucher bot, die Caracalla-Thermen in Rom, die eine Fläche von 400 x 390 Metern einnehmen, oder das Pantheon mit seiner frei gespannten Kuppel in Leichtbetonbauweise – sie alle zeugen von den überragenden Leistungen der römischen Baumeister. Diese „Aushängeschilder“ der römischen Baukunst waren Manifestationen eines imperialen Herrschaftssystems, das in seiner Blütezeit im 2. und 3. nachchristlichen Jahrhundert über fast unerschöpfliche Mittel verfügte.

Ein weiteres Charakteristikum römischen Bauens liegt in der Angleichung von Baukonzepten im gesamten Reich, so wurden etwa die Kastelle immer nach dem gleichen Prinzip errichtet. Die römischen Ingenieure entwickelten für den Transport und das Versetzen großer Lasten technische Lösungen, die ihnen den Einsatz selbst größter Bauteile ermöglichte. Voraussetzung, damals wie heute, war das Vorhandensein eines Netzes aus Straßen und Wasserwegen, die nicht nur dem Personen- und Warenverkehr dienten, sondern auch dem Transport der Baumaterialien. Auf diesem Weg gelangten zum Beispiel tonnenschwere Granitsäulen vom Felsenmeer im Odenwald über den Rhein und die Mosel nach Trier und können heute noch im dortigen Dom bewundert werden.

In bautechnischer Hinsicht sind vor allem die großen Bogenkonstruktionen und Tonnengewölbe als römische Entwicklungen anzusehen, die neue Formen in der Architektur ermöglichten. Aber auch die Erfindung neuer Baustoffe gehörte zu den Leistungen der Römer. Das opus caementitium – der römische Beton – wurde bei vielen Steinbauten bereits industriell eingesetzt. Selbst im Wasser aushärtender Beton und eine Art Stahlbeton fanden Verwendung an Großbauten. Noch heute trotzen Hafenmauern oder der Leuchtturm von Dover dem Meer, ruhen Brücken und Großbauten auf Betonfundamenten, die die Römer gegossen haben, und selbst die Unterbauten von Straßen existieren noch heute.

> Die Kastelle wurden immer nach dem gleichen Prinzip errichtet.

Spuren der Römer finden sich überall in unserer Gegend: Reste von Türmen und Kastellen haben sich am Limes im Taunus, der Wetterau oder dem Odenwald erhalten. Die wieder errichtete Saalburg vermittelt heute einen Eindruck davon, wie man sich eine solche Anlage zu Beginn des vergangenen Jahrhunderts vorstellte. Zahlreiche Turmstellen wurden rekonstruiert. Zivile Siedlungen bildeten sich nicht nur an den Kastellorten, auch im Hinterland gab es Städte und Dörfer. Gutshöfe (villae rusticae) mit meist großen Ländereien waren über das Land verstreut und versorgten die Kastelle, Dörfer und Städte mit landwirtschaftlichen Gütern.

So finden sich immer wieder Estriche mit Mosaiken, Kalkputze mit Wandmalereien, Mauerwerk aus technisch hochwertig verarbeiteten Ziegeln oder Natursteinen, Fußbodenheizungen (Hypokausten) oder Installationen in der Küche zur Bereitstellung von warmem Wasser – Dinge, die

Der Circus Maximus (oben) in Rom, der bis zu 200 000 Personen Platz bot, und der Pont du Gard (rechts), eine römische Wasserleitung bei Nimes in Frankreich, zeugen noch heute von dem beeindruckenden Können der römischen Baumeister.

im Alltagsleben für Annehmlichkeit sorgten. All dies gab es nicht nur in den großen Städten, auch in den einfachen Dörfern war eine solche Infrastruktur vorhanden. Insbesondere die technischen Anlagen zur Be- und Entwässerung, wie die Wasserleitungen und Zisternenanlagen, oder die zahlreichen Badegebäude in den Kastellorten zeugen vom hohen zivilisatorischen Standard, den die Römer in die neu eroberten Gebiete einführten. Im Gegensatz zu den eingangs beschriebenen Monumentalbauten handelte es sich bei der Mehrzahl der Bauten in den ländlichen Siedlungen um einfachere Gebäude, zumeist Fachwerkbauten aus Holz und Lehm. Ein römisches Dorf hat man sich demnach als Fachwerkensemble mit Haupt- und Nebenstraßen vorzustellen, wie wir das auch heute aus alten Ortskernen kennen, allerdings waren die Holzbauten der Römer meistens verputzt.

Es gab bessere und schlechtere Wohnlagen. Die Dachlandschaft bestand aus Dächern mit Holzschindel- oder mit Ziegeleindeckungen, die Häuser waren teilweise trauf-, teilweise giebelständig. Die übliche Bauweise in den ländlichen Siedlungen war eine Art von Reihenhausbebauung. Zu diesem verbreiteten Haustyp, der auch als Streifenhaus bezeichnet wird, gehörte im rückwärtigen Teil ein Garten mit Gartenzaun, Hühnerhaus, Stall, Gemüse- und Blumenbeet. Nicht nur die Wohn- und Geschäftsbauten innerhalb eines römischen Dorfes wurden in Fachwerktechnik errichtet, sondern auch die Sakralbauten. Laufbrunnen, aber auch hölzerne Rohrleitungssysteme versorgten die Dörfer mit Frischwasser. Unter den Straßen verliefen die

Denkmalschutz und Bauträger

In der Spurensuche nach den Bauten in den römischen Provinzen liegt ein besonderer Reiz. In vielen Details werden die alltäglichen Abläufe und Probleme beim Bauen deutlich, mit denen wir so oder ähnlich auch heute noch konfrontiert sind. Baugesetze regelten Bauhöhen und Ausnutzung von Grundstücken, eine Art Denkmalschutz gab es ebenfalls schon. Ließ ein Grundstücksbesitzer sein Haus verfallen, konnte das Grundstück unter Auflagen an einen neuen Besitzer übergeben werden. Eine ordnungsgemäße Bautätigkeit setzte natürlich voraus, dass die besitzrechtlichen Verhältnisse geklärt waren. Daher kam der Landvermessung eine große Bedeutung zu. Außerdem müssen wir davon ausgehen, dass eine Art von Baulastenregelung zur Festlegung von Leitungsrechten und ähnlichen Dingen weiter existierte. In geschäftlicher Hinsicht gab es ebenfalls Parallelen zur heutigen Zeit. Schon damals errichteten Bauträger auf der Grundlage von Bauverträgen Gebäude für Dritte. Gesetze legten – wie heute – fest, dass bei Nichteinhaltung Konventionalstrafen zu bezahlen waren. Und auch Pfusch am Bau wurde bereits beklagt.

Abwasserkanäle, über die das Schmutzwasser aus den Häusern abgeführt wurde. Bautechnisch waren die Fachwerkbauten in ihrem Äußeren differenziert, in den Details jedoch stark vereinheitlicht und rationell gebaut. So verwundert es nicht, dass man im römischen London oder dem römischen Kempten im Allgäu die gleichen Baudetails antrifft wie in unserer Region.

Bevorzugtes Baumaterial war das Holz aus den einheimischen Wäldern. In Taunus und Wetterau war dies hauptsächlich die Eiche. Die Fachwerkbauten waren in ihrem Grundaufbau ähnlich wie heute, man kannte sowohl Pfosten- als auch Ständerbauten. Zunächst wurde das Holz im Wald geschlagen und mit dem Beil und der Axt bearbeitet. Glättungen erfolgten mit dem Dechsel. Der Abbund, also das Zusammenfügen des Holzes, ging ebenso vonstatten wie heute. Auch die Werkzeuge der römischen Zimmerleute unterschieden sich kaum von denen unserer Zimmerleute. Nachdem das Gerüst aufgebaut war, wurden die Außenwände mit einer Fachwerkfüllung aus Holzstaken und Lehm mit Strohhäcksel ausgefüllt. Die Innenwände bestanden ebenfalls aus Fachwerk, es wurden aber auch Wände aus Bohlen und Stampflehm gefunden. Treppen verbanden die Geschosse.

Teilweise wiesen Holzdecken und Fassadenteile Verzierungen verschiedenster Art auf. In den meisten Fällen waren die Wände und Decken jedoch verputzt und bemalt, die Römer liebten es eben bunt und freundlich. Im Deckenbereich wurde der Putz auf ein feines Holzgeflecht aus Latten und Leisten aufgebracht. Decken- und Wandbemalungen waren meist mit kassettenartigen Verzierungen versehen. Öllämpchen brannten auf Konsolen an den Holzpfosten, und so verwundert es nicht, dass so manches Haus nicht nur in Krisenzeiten abgebrannt ist. Spuren von Bränden wurden allerorten entdeckt. In den größeren Städten half die Feuerwehr beim Löschen des Brandes, in den kleinen Dörfern war die Nachbarschaftshilfe notwendig.

Geschmack, Geldbeutel der Besitzer und „Zeitgeist“ prägten die Ausstattung. Im 1. Jahrhundert waren die Farben und Muster der Wandmalereien anders als im 3. Jahrhundert. Natürlich prägte auch die Nutzung der Gebäude die Straßenräume. Ein Handwerkerhaus mit Werkstätten sah anders aus als der Metzgerladen oder die Taberna.

Siegbert Huther

Der Alltag rückt ins Blickfeld

Sind in der Vergangenheit sehr häufig die ästhetischen Aspekte des Bauens in der Antike behandelt worden, so rücken in den letzten Jahren alltägliche Dinge mehr und mehr in das Blickfeld der Forschung. Erkenntnisse über das einfache Leben in der damaligen Zeit verdanken wir der immer stärker intensivierten Forschung der Archäologen auf diesem Gebiet. Mit Hilfe des Computers und CAD-Programmen können spärliche römische Überreste zu neuem Leben erweckt werden, und es kann auch dem Laien in anschaulicher Weise vor Augen geführt werden, wie die Römer gebaut, gewohnt und gelebt haben. Wer demnächst vielleicht durch die Reste eines römischen Vicus – auf der Saalburg oder anderswo – wandert, kann seiner Fantasie freien Lauf lassen und daran denken, dass das tägliche Leben damals nicht viel anders war als das, was wir heute in manchen Gegenden des ehemaligen Römischen Reiches noch erleben können: Ochsen- und Maultiergespanne auf den Straßen, buntes Treiben auf den Marktplätzen, Handwerker, die unter den Vordächern der Häuser ihr Metier ausüben, öffentliche Brunnen als Treffpunkte für Jung und Alt.

Die römischen Baukräne waren in der Lage, Gewichte von bis zu sechs Tonnen zu heben. Damit konnten die gewaltigen Steine für die römischen Monumentalbauten bewegt werden.

Das Haupttor (porta praetoria) des Saalburg-Kastells.

Die erhaltenen Fundamente des Dorfes vor der rekonstruierten Saalburg belegen, dass die Taunusbewohner die römischen Bauwerke als Steinbruch für eigene Bauvorhaben genutzt haben.

Steinbruch Saalburg

Als die Römer in der Zeit von 83–85 nach Christus nach dem Abzug der Chatten das Limessystem aufbauten, verwendeten sie noch keine Steine für ihre Schutzanlagen. Der Limes war zunächst nur eine abgeholzte Grenzschneise; diese war auf Anordnung des Kaisers Domitian (81–96 nach Christus) vornehmlich auf dem Taunuskamm angelegt worden. So befanden sich alle vorgeschichtlichen Ringwälle (auf dem Altkönig, dem Bleibiskopf, dem Lindenberg, dem Roßkopf und der Gickelsburg) sowie das keltische Oppidum im Heidetränktal in römischer Hand. Diese hatten vielleicht als Sommerlager und Zufluchtsorte für die chattischen Krieger gedient, die in Nordhessen beheimatet waren und im Sommer auf Beutezug in die Taunus- und Wetteraugegend kamen.

Die Laurentiuskirche in Usingen wurde vermutlich mit Saalburgsteinen errichtet (links). Gesichert ist die Verwendung von „römischen Steinen“ beim Bau des Homburger Schlosses (rechts) und der Jakobskirche in Bad Homburg, die mittlerweile als Sporthalle genutzt wird (unten).

Zu nennenswerten Kämpfen zwischen Römern und Chatten scheint es nicht gekommen zu sein; man hatte sich anderweitig geeinigt. So war auch in absehbarer Zeit nicht mehr mit größeren kriegerischen Auseinandersetzungen zu rechnen. Deshalb wurde der abgeholzte Grenzpfad nur durch hölzerne Wachttürme und kleinere Erdkastelle kontrolliert. Erst in den folgenden Jahrzehnten verwendete man für die Kastellumfriedungen und für die Wachttürme Steine. Eine steinerne Mauer schützte vermutlich das Kastelldorf (vicus) vor der Saalburg vom Osten her. Auch der Limes, der in Obergermanien sonst aus Wall, Graben und Palisadenzaun bestand, musste an manchen Stellen durch eine Trockenmauer ersetzt werden. In dem Bereich zwischen Sandplacken und Saalburg verhinderte der überaus harte Quarzit an drei Stellen das Eintiefen des Limesgrabens. Dies war der Fall am Klingenkopf (in der Nähe des Sandplackens), am Roßkopf und von dort bis zum Fuß des Hollerbergs und teilweise auf dem Plateau des Weißesteins. Von den Originalsteinen sind heute nur noch Reste oder gar keine mehr zu finden. Das trifft auch auf das Lagerdorf vor der Saalburg zu. Was wir heute sehen, sind ergänzte und konservierte Mauerreste von Häusern und Brunnen, die Saalburgmauer wurde auf den Originalfundamenten völlig rekonstruiert. Die östliche Schutzmauer des Dorfes ist überhaupt nicht mehr vorhanden, und die Trockenmauer des Limes findet sich nur noch in Form einer lang gezogenen kleinen Steinaufschüttung vom Roßkopf bis zum Fuß des Hollerbergs und mit einigen Unterbrechungen am Kieshübel. Sie blieb nur erhalten, weil sie bis in die jüngste Zeit als Grenzmarkierung verwendet wurde und weil sie unterhalb des Roßkopfes und am Hollerberghang jeweils an schwerer zugänglichen Steilhängen liegt.

Auf dem Roßkopfplateau verlief wohl ursprünglich der Limes als abgeholzte Grenzschneise mit einem hölzernen Wachtturm. Schneeverwehungen, starke Winde und vor allem Blitzschläge waren wohl die Gründe, den Limes an den südlichen Steilhang zu verlegen und mit einem zusätzlichen Wachtturm am „Einsiedel“ abzusichern.

Auf dem Plateau des Weißesteins findet sich kein Stein mehr aus der Römerzeit.

Bei der Markierung der Grenzen zwischen der Landgrafschaft Hessen-Homburg und dem Großherzogtum Hessen-Nassau verlegte man wohl unwissentlich den Grenzstein auf den heutigen Wanderweg, der etwa 20 Meter südlich des Limes verläuft. Dadurch verlor die Landgrafschaft einige hundert Quadratmeter Land. Auch von den römischen Wachttürmen blieben nur kleine Reste unter Schutthügeln übrig. Von manchen kann man den Standort heute nur ungefähr vermuten.

Auf den Spuren der Steinräuber

Wenn wir uns nun alle eben genannten Bauwerke und Anlagen vollständig erhalten vorstellen würden, dann könnten wir ermessen, wie viele Steine hier verwendet wurden und wie viele später verschwunden sind. Wer waren nun diese „Steinräuber“? Namentlich bekannt ist uns vor allem der Landgraf Friedrich II., der in den 1680er Jahren das Homburger Schloss aus Saalburgsteinen erbauen ließ, ein für das Zwergfürstentum viel zu gro-

ßes Bauwerk. Als Schutzherr des Allmendegebiets Hohe Mark, Seulberg-Erlenbacher Mark und Hardtwald hatte er sich über die Rechte des Allgemeineigentums der Bewohner von der Nidda bis zum Taunuskamm hinweggesetzt und große Waldgebiete der Hohen Mark abholzen und Steine der Saalburggebäude abbrechen lassen.
Auch der Sohn des „Landgrafen mit dem silbernen Bein“, Friedrich III. Jakob, ließ Saalburgsteine für den Bau der französisch-reformierten Jakobskirche in der Homburger Dorotheenstraße und zur Einfassung des Fahrborn-Bergwerks 1723 verwenden. Aber auch schon im Mittelalter wurden für den Bau des Zisterzienserinnenklosters Thron an der Lochmühle und der Laurentiuskirche in Usingen Saalburgsteine verwendet (Louis Jacobi bestreitet dies allerdings). Und so wird gewiss mancher Bauer in der Umgebung im Mittelalter und in der frühen Neuzeit sich der vielen Steine bedient haben.
Von unserem heutigen Geschichtsdenken her können wir zunächst kein Verständnis für diese „Steinräuberei“ haben. Aber wir müssen uns einfach in die Möglichkeiten und Gegebenheiten vergangener Jahrhunderte versetzen. Wie schwer und gefährlich war es damals, Steine in einem Steinbruch abzubauen und zu behauen? Meistens geschah dies in kostenloser Frondienstarbeit der Bauern in der Umgebung. Diese konnte man nicht über Gebühr belasten, da sie sich ja auch um ihre eigene Landwirtschaft kümmern mussten. Deshalb war es einfacher und „ertragreicher“, wenn man schon behauene Steine aus der Römerzeit abbrechen oder aufsammeln ließ. Diese Steinräuberei ist aber keine Idee der frühen Neuzeit. Bereits die Römer hatten sich teilweise nicht anders verhalten als die Landesherren im 17. Jahrhundert und später. Sie verwendeten, wo es ging, die Steine der vorgeschichtlichen Ringwälle, die sie im Taunus vorfanden. Eindeutig trifft dies auf die Grenzanlage unterhalb des Roßkopfes zu; denn hier durchschneidet der Limes einen Ringwall, von dem nur sehr wenig erhalten ist. Heimat- und Saalburgforscher der Vergangenheit (Friedrich Rolle, Friedrich Gustav Habel, Philipp Dieffenbach) und der Gegenwart (Dietwulf Baatz) haben dieses an Ort und Stelle festgestellt, untersucht und beschrieben.
So könnte man sich auch vorstellen, dass die vermutete vicus-Mauer, das Kastelldorf und die Kastellgebäude mit den Steinen der Gickelsburg errichtet wurden. Ähnliches könnte auf die Steinmauer am Klingenkopf, auf die Kleinkastelle „Altes Jagdhaus“ und „Heidenstock“ sowie auf die Wachttürme, die zwischen dem Sandplacken und dem Roßkopf liegen, zutreffen. Für diese Bauwerke wurden vermutlich Steine vom Ringwall am Bleibiskopf verwendet, die man auf der „Langen Steinigen Hohl“ – einst ein Hohlweg, heute eine glatte, feste und breite Straße – nach oben auf den Taunuskamm befördert hatte.

Ulrich Hummel

Reste des Römerkastells Heidenstock.

Folgt man den Spuren des „Throner Wegs“ in südlicher Richtung, so finden sich unweit der Saalburg tiefe Wegerinnen. Am Rande einer der Rinnen wurde von der Schülergruppe eine „steinerne Linie“ entdeckt, bei der es sich um ein Relikt der Schutzmauer handeln könnte. Aufschluss darüber könnte aber erst eine Grabung bringen.

Suche nach der Schutzmauer

Nachrichten von den Altertümern in der Gegend und auf dem Gebürge bey Homburg vor der Höhe“ lautete der Titel des Buches, das der hessen-homburgische Regierungsrat Elias Neuhof (1724–1799) im Jahre 1777 veröffentlichte. In dieser Schrift befasste er sich unter anderem mit den römischen Funden an der Saalburg. Diese bezeichnete er als eine Römerschanze. Ein Jahr später wurde er deswegen heftig kritisiert. Der bekannte Altertumsforscher Pater Josef Fuchs aus Mainz war fest davon überzeugt, dass die Saalburg die Villa eines Frankenfürsten aus dem 5. bis 7. Jahrhundert gewesen sei, und er wollte dies auch Neuhof glaubhaft beweisen. Daraufhin unternahm Neuhof 1779 genauere Nachforschungen und Ausgrabungen an der Saalburg. Und das Ergebnis sollte ihm und seiner Römertheorie Recht geben. Die Funde belegten eindeutig, dass es sich bei der Saalburg um eine Römerschanze handelte.

Neuhof stellte dabei fest, dass das Kastell 280 Schritte lang und 180 Schritte breit sei. Neben anderen Gebäude- und Brunnenresten meinte er auch eine Schutzmauer für das Kastelldorf gefunden zu haben. 1780 schrieb er in einer erweiterten Auflage seiner „Nachrichten von den Altertümern“ auf Seite 15: „Fünf hundert Schritte von derselben (der Saalburg, Anmerkung des Verfassers) ziehet gegen Morgen eine lange Mauer nebst einem tiefen Graben, wodurch die Burg mit ihren Außengebäuden von dieser Seite, gegen Abend aber von dem Pfal-Graben (dem Limes, Anm. d. Vf.) beschützet war.“

1849/50 führte der 17 Jahre alte ehemalige Homburger Lateinschüler August Maehler (1832–1855) genaue Untersuchungen an der Saalburg durch. In seinem unveröffentlichtem Manuskript „Die Saalburg“ bestätigte er, dass Neuhof die Länge des Kastells richtig gemessen, bei der Breite jedoch 18 Schritte zu wenig berechnet habe. Maehler suchte auch die lange Schutzmauer, konnte aber nichts vorfinden.

Der berühmte Saalburgforscher und Wiedererbauer des Kastells, Louis Jacobi, erwähnte 1897 in seinem Buch „Das Römerkastell Saalburg“ zwar Neuhofs Angaben, gab aber keinerlei Kommentar dazu ab, ob er daran glaube oder ob er nach der Mauer gesucht habe. Alle späteren Saalburg- und Heimatforscher schenkten Neuhofs Entdeckung überhaupt keine Beach-

tung. Sollte sich also Elias Neuhof wirklich geirrt haben, als er von einer „langen Mauer" schrieb? Wäre das aber nicht sehr unwahrscheinlich? Schließlich stand der Homburger Regierungsrat ja unter einer Art Beweispflicht gegenüber dem renommierten Pater Fuchs.
Also begab sich der Verfasser zusammen mit einigen Schülern auf die Suche nach Spuren der verschollenen Mauer an der Saalburg. Von dem vermuteten Endpunkt der 500 „Neuhof'schen" Schritte – wie dieser Endpunkt ermittelt wurde, siehe Kasten Seite 94 – wurde auf der Karte eine Linie parallel zur Ostseite des Saalburgkastells gezogen. Irgendwo auf dieser Linie hatte also Neuhof die Mauer und den tiefen Graben gesehen. Und tatsächlich wurde hier im Gelände eine „steinerne Linie" gefunden, die östlich eines Doppelgrabens entlang zieht. Sind es die Reste der gesuchten Mauer? Einige Indizien scheinen dafür zu sprechen, auch wenn nur eine Grabung sichere Erkenntnisse bringen kann.

Die Gerade endet am Limes, etwa 50 Meter östlich der Bundesstraße. Auffallend ist in der Verlängerung ein Durchbruch durch den Limes und danach ein Graben, der genau die Richtung der Linie fortsetzt. Hier handelt es sich um den „Throner Weg", der seinen Namen von dem 1243 gegründeten Kloster Thron bei der Lochmühle hat. Dieser Weg führte über den Bergsattel zum Rotlaufweg. Dort ist er noch als tiefer Hohlweg in Form eines Doppelgrabens sichtbar. Er wurde dann im Mittelalter als „Straße" verwendet. Durch Zugtiere und das Ziehen von Baumstämmen wurde der Untergrund an beiden Hängen immer tiefer. So dürfte der tiefe Graben entstanden sein, den Neuhof neben der von ihm beobachteten Mauer sah.

Das ganze Mittelalter hindurch bildete der Throner Weg bis zum Jahre 1813 die Grenze zwischen der Hohen Mark und der Seulberg-Erlenbacher Mark. Vorausgesetzt es hat die Steinmauer wirklich gegeben, könnte sie die eigentliche Grenze gewesen sein. Dieser „Grenzcharakter" der Mauer hätte dann auch verhindert, dass die Steine unserer Mauer zum Bau des Homburger Schlosses zwischen 1688 und 1700 verwendet wurden. Die Situation änderte sich grundlegend, nachdem 1813 die Marken aufgelöst wurden. Dabei verlegte man die ehemalige Grenze der Seulberg-Erlenbacher Mark etwas nach Westen in den heutigen Friedrichsdorfer Wald hinein. Vier Jahre später begann man mit dem Bau einer Chaussee von Homburg nach Usingen, die mitten durch das Kastelldorf führte. Was lag nun näher, als dass die Arbeiter die Steine der ehemaligen römischen Mauer zum Straßenbau verwendeten. Deswegen konnte August Maehler 1849 auch keine Mauerreste mehr vorfinden. Vielleicht handelt es sich bei der oben erwähnten „steinernen Linie" also doch um das letzte sichtbare Rudiment der Mauer?

Durch Zugtiere und das Ziehen von Baumstämmen wurde der Untergrund an beiden Hängen immer tiefer.

Trotz aller Unsicherheiten in Bezug auf die Existenz einer solchen Mauer um das Dorf vor der Saalburg lohnt es sich, zu überlegen, was es mit

So wie diese rekonstruierte Limesmauer im Odenwald könnte auch die Schutzmauer um den Saalburg-Vicus ausgesehen haben, allerdings mit kleineren und flacheren Quarzitsteinen – vorausgesetzt diese Mauer existierte. Trotz mancher Hinweise gelang bisher noch kein endgültiger Nachweis.

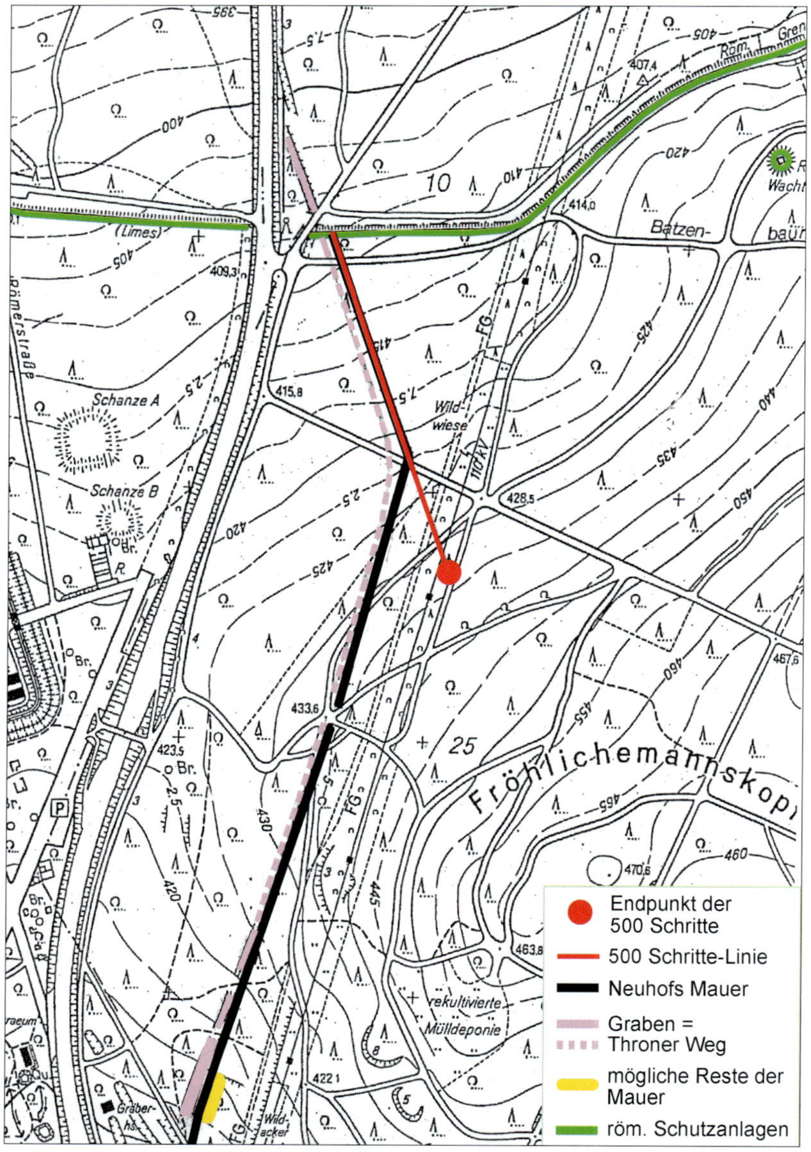

Wie die Mauer verlaufen sein könnte, zeigt diese Karte. 500 Schritte östlich der Saalburg wurde eine Parallele zur Saalburgmauer gezogen. Auf dieser Linie müssten sich – so die Vorüberlegung – Hinweise auf die Mauer finden, die Neuhof Ende des 18. Jahrhunderts entdeckt haben will. Es stellte sich heraus, dass die Parallele genau auf die Reste des so genannten Throner Weges führt, einem alten Verbindungsweg zwischen Vorder- und Hintertaunus.

einem solchen Bauwerk vor nahezu 1800 Jahren auf sich hatte. Die Mauer hatte, wie schon Neuhof bemerkte, eine Schutzfunktion nach Osten hin, zumal hier der von der Lochmühle her kommende Limes nach Westen abbog. Zusätzlich wurde der Wachtturm WP 3/68 ungewöhnlich weitab vom Limes in 428 Meter Höhe aufgestellt, sodass man von dort das Gelände bis zur Saalburg überblicken konnte.

Im nördlichen Teil des von der Mauer und dem Limes umfriedeten Geländes befanden sich sicher Weiden für die Pferde (Feuchtgebiet in Limesnähe). Dafür spricht auch die frühere Lage des so genannten Gallischen Heiligtums im Bereich der heutigen Fußgängerbrücke. In diesem Tempel hatte man Epona, die keltische Schutzgöttin der Pferde und Fuhrleute, verehrt. Die Gebäudereste des Heiligtums mussten 1969 bei der Verlegung der Bundesstraße 456 zerstört werden. Im südlichen Teil schützte die Mauer das Kastelldorf bis zum Rotlaufweg, einer alten Römerstraße. Zwischen der Bundesstraße und dem Doppelgraben gibt es zwei weit voneinander liegende konservierte Gebäudereste und einen Brunnen.

Nach Jacobi und auch nach Überzeugung des Verfassers müsste es noch mehr Gebäude in diesem Bereich gegeben haben. Es ist nur zu hoffen, dass es bei einer eventuellen Verbreiterung der Bundesstraße und bei der damit zwangsläufigen Verlegung des parallel verlaufenden Rad-, Wander- und Forstweges zu keinen weiteren Zerstörungen und Zerteilungen des ehemaligen Kastelldorfes kommt.

Ulrich Hummel

Schüler in Elias Neuhofs Fußstapfen

„500 Schritte von der Saalburg in Richtung Osten“ lautete die Ortsangabe von Elias Neuhof, wo er die Reste einer langen Schutzmauer um das Saalburg-Dorf gefunden haben will. Doch wo genau ist das? Zunächst müsste man herausfinden, wie weit die von Neuhof erwähnten 500 Schritte in östlicher Richtung reichten. Zur Klärung dieser Frage konnte der Verfasser fünf Schülerinnen und einen Schüler aus der damals 9. Klasse der Bad Homburger Humboldtschule gewinnen.

Zuerst musste die Schrittlänge Neuhofs bemessen werden, denn darüber liegen in der Literatur keine Angaben vor. Die Körpergrößen der Schüler betrugen zwischen 1,55 und 1,78 Meter. Der erste „Probegang“ führte entlang der Kastellmauer, die ja nach Neuhof und Maehler 280 Schritte bemaß. Die meisten kamen auf eine Summe von 250 bis 270 Schritten. Das kleinste Mitglied der Gruppe zählte genau 280 Schritte. Vielleicht war Neuhof nur etwa 1,55 Meter groß?

Dann ging es darum, die erwähnten 500 Schritte von der Saalburg in Richtung Osten nachzuvollziehen, um auf etwaige Reste der vermuteten Vicus-Mauer zu stoßen. Schwierigkeiten bereitete dabei die Bundesstraße 456, die erst umgangen werden musste, um dann den Weg in östlicher Richtung fortzusetzen. Die Strecke führte dabei quer durch den angrenzenden Wald und die Grünzone unter der Überlandleitung hinweg. Jedes Mitglied der Gruppe zählte still für sich die Schritte mit. Am Ende waren alle „Streckengeher“ ungefähr 35 Meter auseinander. Der größte Schüler befand sich schon an einem Berghang im Wald, während die kleinste Schülerin auf der Grünzone zwischen der östlichen Stromleitung und dem östlichen Waldrand zum Stehen gekommen war.

Dies ist der Ausgangspunkt für die dargestellten Beobachtungen und Thesen im voranstehenden Beitrag.

Das „Markenzeichen" der römischen Straßen war ihr schnurgerader Verlauf. Die Zeichnung zeigt eine solche Landstraße, die zu einem ummauerten Civitas-Ort führt.

Schnurgerade Lebensadern

In den Jahren 12 vor bis 9 nach Christus versuchten die Römer mit Verträgen und militärischen Operationen das germanische Gebiet zwischen Rhein und Elbe in ihr Reich einzugliedern. Zu dieser Zeit gab es bereits rechts des Rheins ein Netz von örtlichen und weiterführenden Wegen und Verbindungsstraßen. Die Fernwege folgten bevorzugt den Höhenrücken und Wasserscheiden. Wegen des festen Untergrundes und des guten Wasserabflusses konnte, von besonderen Stellen wie Flussübergängen abgesehen, auf einen Ausbau verzichtet werden. Auch für den Vormarsch der Truppe waren diese Wege ausreichend. Bei Rödgen, nahe Bad Nauheim, ist aus dieser Zeit ein Marschlager bekannt, und in Waldgirmes begannen die Römer sogar ein stadtartiges Zentrum zu bauen.

Nach der Niederlage der Römer im Jahr 9 nach Christus in der so genannten Varus-Schlacht im Teutoburger Wald (vermutlich bei Kalkriese in der Nähe von Osnabrück), zog sich Rom auf die Rheinlinie zurück. Erst in den Chattenkriegen 83 bis 85 nach Christus stießen die Truppen wieder vor, um das Gebiet zwischen Rhein und Donau mit einer überwachten Grenze, dem Limes, zu sichern. Die Einbeziehung der Wetterau in das Römische Reich hatte wohl zwei Gründe: Das fruchtbare Ackerland diente für Versorgungszwecke, und gleichzeitig war die Wetterau ein nördlich des Mains liegendes Aufmarschgebiet, von dem Vorstöße durch die hessische Senke in das germanische Hinterland geführt werden konnten.

Die Straßenbautechnik ist keine römische Erfindung, aber Rom hatte in seinem wachsenden Reich ein auf die Hauptstadt gerichtetes Stra-

Auf den Straßen wurden die leichten zweirädrigen Wagen von Pferden gezogen, die „Lastwagen“ der Antike waren die von Ochsen gezogenen Karren. Das abgebildete Relief aus dem Rheinischen Landesmuseum Trier zeigt einen Pferdekarren, der einen Meilenstein passiert.

ßennetz geschaffen, das in seiner Ausdehnung ohne Vorbild war. Die Straßen waren die Lebensadern des Reiches, gewährleisteten sie doch zum einen einen zügigen Handel, zum anderen erlaubten sie rasche Militärbewegungen und waren damit ein Garant für die Sicherheit der Bevölkerung.

Der Aufwand zur Befestigung der Straßen war je nach Gelände und Bedeutung der Straße unterschiedlich. Der Limesbegleitweg, auf dem sich die Soldaten zwischen den Wachtposten bewegten, war nur geebnet und mit einer Kiesschicht bedeckt, ebenso war es bei weniger wichtigen Zufahrtsstraßen zu den Limesübergängen. In der Regel wurden die Kastelle dort gebaut, wo bestehende wichtige Wege die Grenze kreuzten. Die Limesübergänge dienten aber nicht nur militärischen Zwecken, sondern waren Kontroll- und Zollstationen für den grenzüberschreitenden Personen- und Warenverkehr. Wie die Archäologen nachgewiesen haben, gelangten viele römische Waren auf diesen Wegen nach Germanien jenseits des Limes und umgekehrt. Römische Händler reisten weit über die Grenze, Germanen besuchten die Kastelldörfer und römische Märkte. In die römische Provinz lieferten die Germanen Lebensmittel, Vieh, Häute, Pelze, Bernstein, Frauenhaar und Sklaven.

Bei den unter militärischen Gesichtspunkten erbauten Verbindungsstraßen handelte es sich um geradlinige Neubauten der Römer, die in ihrem Aufbau den Chausseen entsprachen, wie sie seit dem 18. Jahrhundert zuerst in Frankreich und dann auch in Deutschland bis ins 20. Jahrhundert üblich waren. Auf dem planierten Untergrund wurde eine leicht gewölbte Packung von senkrecht stehenden Steinen aufgebracht und seitlich durch besonders große Steine abgestützt. Die Oberfläche bildete eine Schicht aus Kies oder Schotter mit einem Bindemittel aus Sand, Kalk und Ton. Beiderseits sorgten Gräben für die Aufnahme des Wassers, das in Abständen seitlich abgeführt wurde. Die Breite von 4 bis 6 Metern erlaubte einen ungehinderten Wagenverkehr. Leichte Reisewagen wurden von Pferden und Maultieren gezogen, vor die ein- oder zweiachsigen Lastkarren spannte man Ochsen. Vorhandene Verbindungen wurden befestigt und – falls notwendig – ausgebaut. Manche römische Straßen werden noch heute als Feld- und Waldwege, als Landstraßen, ja sogar als Autobahnen benutzt.

Entlang den Verbindungswegen gab es in Abständen von etwa 25 bis 30 Kilometern Rasthäuser mit Übernachtungsmöglichkeiten, Wechselstationen und Straßenposten. In Letzteren waren Verwaltung und Soldaten mit polizeilichen Aufgaben stationiert, in den Wechselstationen standen Reit- und Zugtiere, Pferde, Esel und Ochsen bereit, Handwerker führten notwendige Wagenreparaturen aus. Pferdewechselstationen waren vor allem für die schnellen Postreiter und Kuriere wichtig, die für die römische Verwaltung Nachrichten bis nach Rom brachten.

Nicht nur Militär und Staatsbeamte nutzten die römischen Straßen, sondern auch Kaufleute mit ihren Transportkarren zur Lastenbeförderung und Privatpersonen, die entweder in Reisewagen oder zu Fuß unterwegs waren. An den wichtigsten Straßen sind Meilensteine gesetzt worden. Auf den etwa 1,5 Meter hohen zylindrischen Steinsäulen war die Entfernungsangabe vom nächstgelegenen städtischen Zentrum angegeben. Das Reisen in römischer Zeit war trotz polizeilicher Überwachung äußerst unsicher. Neben Unfällen drohten vor allem Raubüberfälle. Häufig wurden vor einer Reise oder nach deren glücklicher Beendigung den Schutzgöttern, wie Merkur, Herkules und Epona, kleine Bitt- und Dankopfer dargebracht.

Erst Römerstraße, dann Autobahn

Ein dichtes Wegenetz durchzog das Limesgebiet. Doch die Römer haben nicht alle diese Straßen erbaut, vielmehr nutzten sie bestehende Wege und bauten sie weiter aus, wie das Beispiel Weinstraße zeigt. Die Weinstraße, die im Raum Höchst von der Nidda ausging und über Weißkirchen, Gonzenheim, Seulberg nach Norden zog, querte bei Burgholzhausen den Erlenbach und bei Ober-Mörlen die Usa. Nördlich von Butzbach verließ sie römisches Gebiet in Richtung Nordhessen.

In Mainz begann – über weite Strecken mit der heutigen Autobahn A 66 identisch – eine wichtige Römerstraße, die im Mittelalter Elisabethenstraße genannt wurde. Diese in der zweiten Hälfte des 1. Jahrhunderts nach Christus erbaute Straßenverbindung führte von Mainz über die römische Rheinbrücke nach Kastel und von dort über Hofheim, Nida/Heddernheim, Okarben und Friedberg in die nördliche Wetterau. Sie diente zur Sicherung des von den Römern eroberten Gebietes und als Vormarschweg in das Gebiet der Chatten. In Friedberg verzweigte sich die Elisabethenstraße und führte in nordwestlicher Richtung zum Kastell Butzbach und in nordöstlicher Richtung zum Kastell Arnsburg. Diese Straße stellte die wichtigste römische Verkehrsverbindung unseres Raumes dar und verband die Wetterau mit dem römischen Nida (Frankfurt-Heddernheim) und der Provinzhauptstadt Mainz.

Nida hatte als wichtiger Verkehrsknotenpunkt eine Wegeverbindung zum Feldbergkastell. Schon in römischer Zeit wird an dieser Stelle ein Passweg den Taunus überquert haben. Östlich des Hühnerberges und nördlich des Altkönigs lief er über den Fuchstanz, wo er noch heute den Namen Pflasterweg trägt. Bereits in vorgeschichtlicher Zeit vor Ankunft der Römer zogen Wege von der Rhein-Main-Ebene über den Saalburgpass in das Usinger Becken. Zwischen Nida und dem Saalburgkastell bauten die Römer eine geradlinige Straße, die auf die Achse des Kastells ausgerichtet wurde. Von Bad Vilbel kam eine Straße, die nördlich von Dornholzhausen in die Straße von Nida mündete. Quer durch die Wetterau kam von Marköbel ein Strang, der zwischen Seulberg und Friedrichsdorf durchführte und über den Rotlaufweg schließlich die Saalburg erreichte.

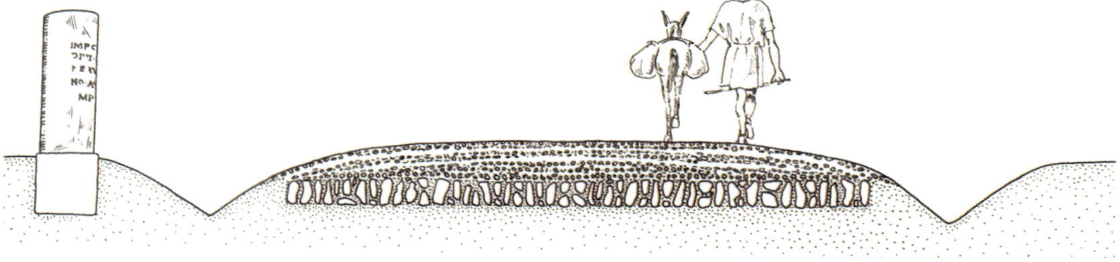

Auf dem Schnitt durch eine römische Straße ist ein Meilenstein zu sehen (oben). Auf dem ebenen Untergrund wurde durch geschicktes Stellen von Steinen eine gewölbte Oberfläche erzeugt, so dass Regenwasser schnell ablaufen konnte.

Wie dicht das Netz schnurgerader Verbindungsstraßen war, zeigt die Karte (unten). Das erleichterte nicht nur den Handel, sondern ermöglichte auch schnelle militärische Bewegungen.

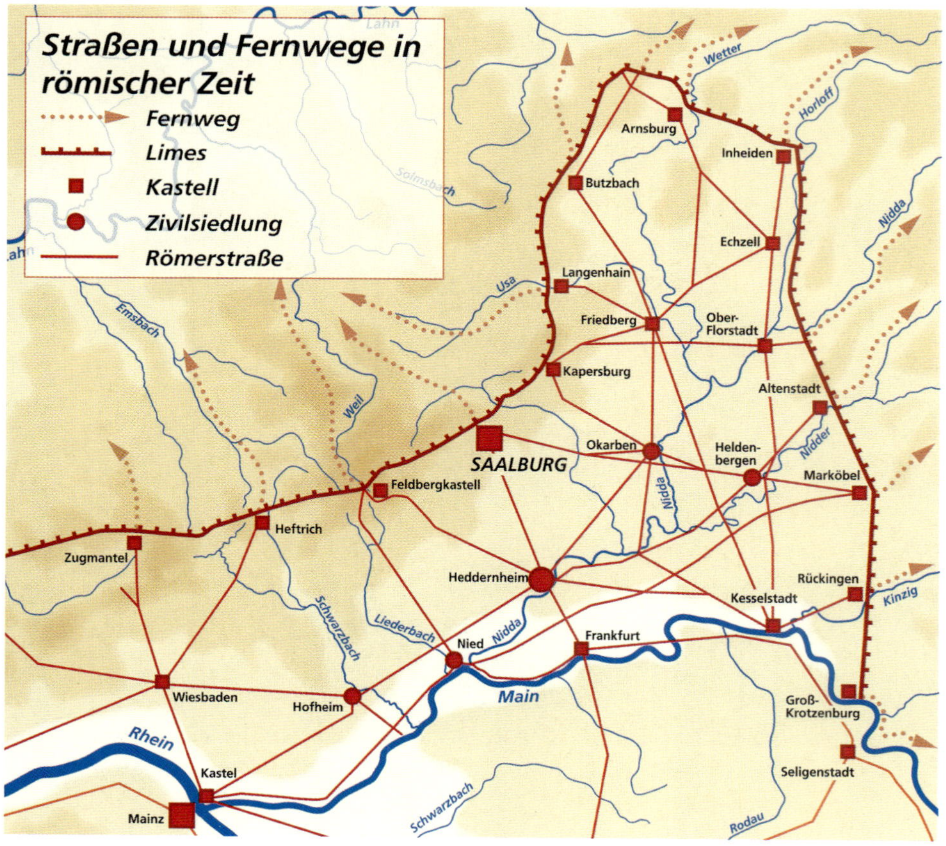

Von Bedeutung waren in römischer Zeit vor allem die Straßenverbindungen aus dem Raum Friedberg. Tiefe Wegespuren ziehen vom Löwenhof an der Weinstraße zu einem kaum noch sichtbaren Kleinkastell südlich des Kastells Kapersburg. Ähnliches findet sich nördlich der Kapersburg, wo vom Kleinkastell „Ockstädter Wald" Wegespuren zum Hof Hasselhecke hinführen. Entsprechend der heutigen Wintersteinstraße führte die Fortsetzung ins Usinger Becken. Die Strecke könnte schon zur Keltenzeit für den Salztransport von der Saline Nauheim gedient haben. Die Bedeutung der Wetterau in römischer Zeit wird durch ein regelrechtes Straßennetz betont. So verband ein großes Straßendreieck die Kastelle Friedberg, Arnsburg und Echzell miteinander. Außer den beschriebenen Straßen kam zur Römerzeit vor allem den Wasserwegen große Bedeutung zu. Der Rhein war wie heute ein wichtiger Verkehrsweg, der über Main und Nidda mit der Wetterau verbunden war. Die Straßen in unserem Limesgebiet waren an das Verkehrsnetz des Obergermanisch-raetischen Limes zwischen Rhein und Donau angeschlossen. Dieses stand mit Gallien und über die Alpenpässe mit Italien in Verbindung.

Günter Heupke

Wehrgräben und Wall der Erdschanze (Schanze B) östlich des wieder aufgebauten Saalburg-Kastells.

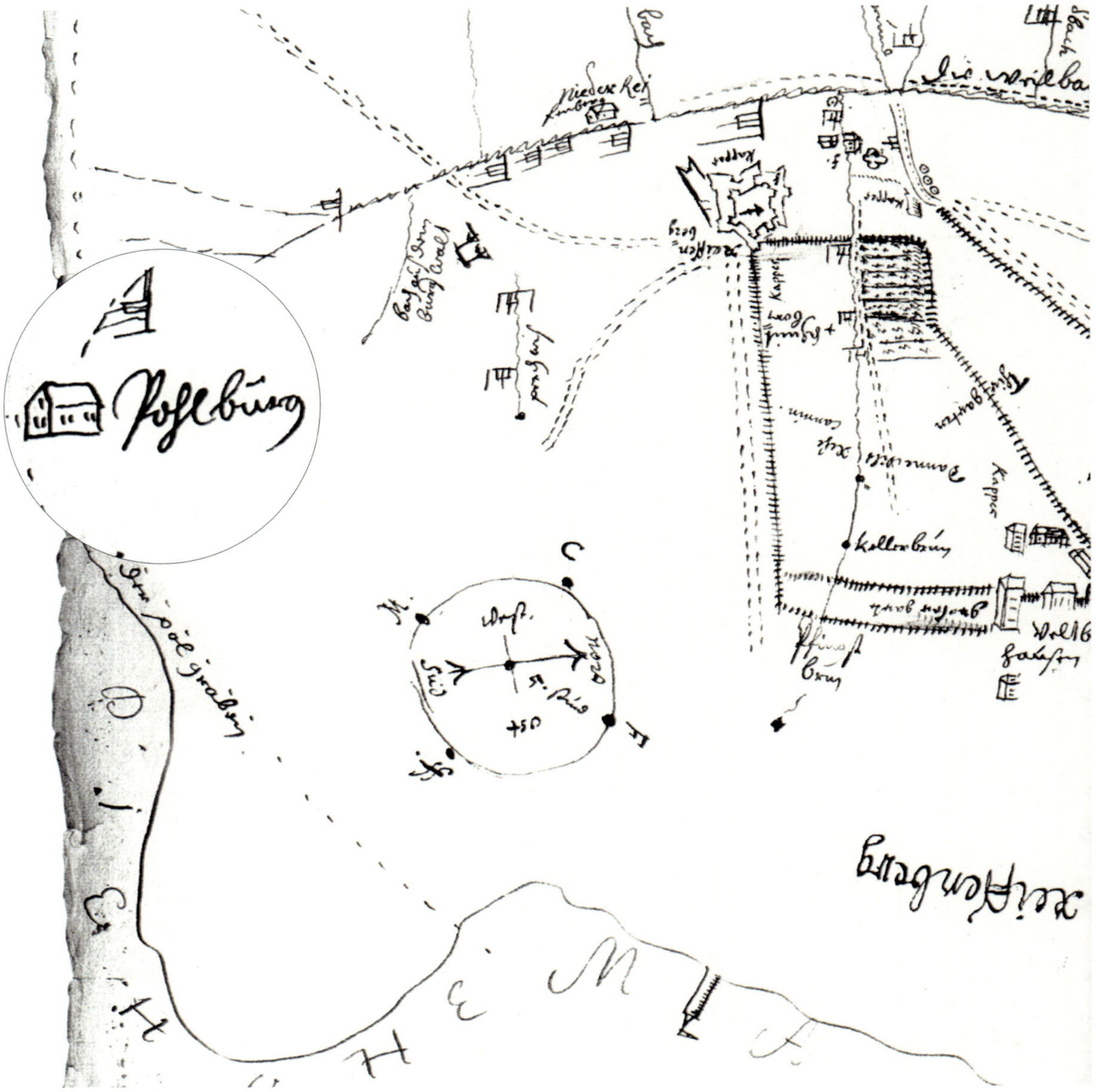

Die Karte vom Amt Reifenberg aus dem Jahr 1675 liegt im Hessischen Hauptstaatsarchiv in Wiesbaden. Darin ist der Pfahlgraben („Polgraben"), die Siedlungsstelle Pohlburg und die Weil verzeichnet. Der Limesverlauf ist erkennbar. Der Wasserlauf ist oberhalb des Schriftzuges „Pohlburg" zu finden. Die Weil entspringt am Kastell Feldberg, das vermutlich mit „Pohlburg" identisch ist.

Pohlburg, Pohlberg und Wilina

Begibt man sich auf die Suche nach römischen Flurnamen im Hochtaunuskreis, betritt man Neuland. Denn es gibt keine Vorarbeiten, die sich mit diesem Sachverhalt auseinander setzen. Anders als im Rheingebiet, wo es zumindest vereinzelt Untersuchungen zu diesem Thema gibt, fehlen diese im Hochtaunuskreis völlig. Zwar bemüht man sich im Kreisarchiv des Hochtaunuskreises, die Flurnamen des Kreisgebietes vollständig zusammenzutragen, zu katalogisieren und zu deuten, doch bis man solche Spezialuntersuchungen dort vornehmen kann, wird es noch dauern. Bislang sind im Archiv über 10 000 Flurnamen erfasst und in den PC eingegeben, noch mehr sind in einem Zettelkatalog gesammelt.

Dass sich hier in der Region – bislang – nur wenige Flurnamen aus der Römerzeit bis in die Gegenwart nachweisen lassen, hat verschiedene Gründe. Einer davon ist in der geringen Siedlungsdichte des Taunusvorlandes zu suchen, das bei weitem nicht so dicht besiedelt war wie die rheinischen Gebiete. Siedlungen, wie wir sie heute kennen, waren vor rund 1900 Jahren die Ausnahme. Zumeist lagen villae rusticae, Einzelhöfe, verstreut zwischen Nida, dem Hauptort der civitas Taunensium, und dem Limes. Eine Kontinuität der römischen Bezeichnungen von Örtlichkeiten wird durch diese Streulage erschwert, da nach dem Fall des Limes und der Aufgabe der römischen Siedlungen auch die Benennung der einzelnen Flurstücke verloren ging. Hinzu kommt, dass in der Randlage des Römischen Imperiums eine keltisch-germanische Mischbevölkerung lebte. Die Römer übernahmen von ihnen die gebräuchlichen Flur- oder Örtlichkeitsnamen vollständig oder latinisierten sie, wie die Beispiele „Taunus" oder „Nid(d)a" zeigen, die vermutlich auf keltische Sprachwurzeln zurückgehen. Innerhalb dieser „Urbevölkerung" fand ihrerseits die römische Benennung von Flurstücken keine Verwendung. Man behielt die

Die Reste des Römerkastells „Kleiner Feldberg" sind heute noch gut sichtbar.

althergebrachten Namen, und daher blieben mehr Flur-, Orts- oder Gewässernamen mit einer keltischen Sprachwurzel erhalten als solche mit einer lateinischen Herkunft.

So sind die spärlichen Relikte römischer Flurnamen auf die Verwendung lateinischer Lehnworte im germanischen Sprachgebrauch zurückzuführen. Diese konnten aber nur in die germanische Sprachwelt eindringen, wenn sie an einen neuen Sachverhalt gekoppelt waren, für den es in der germanischen Sprache noch keinen festen, eigenständigen Begriff gab. Einer dieser neuen Sachverhalte war das Bauwerk, das die Römer an ihrer Reichsgrenze errichteten: der Limes. Der unter Kaiser Domitian (81–96 nach Christus) begonnene Limes wurde in der Regierungszeit Hadrians (117–138 nach Christus) mit einer hölzernen Palisade verstärkt.

Die so sichtbar gemachte Grenze fand ihren Niederschlag in der Sprache der germanisch-keltischen Bevölkerung. Sie bezeichnete sie aber nicht als Limes, sondern nach der dort errichteten hölzernen Palisade als „Pfahl". Das Wort geht auf das Lateinische „palus" zurück. Ursprünglich wurde die gesamte Grenzanlage als eine Einheit angesehen und mit „pol" oder „pal", also in der Einzahl, bezeichnet.

Erst später, etwa ab dem 13. Jahrhundert, im Zuge der zweiten germanischen Lautverschiebung, wird aus dem anlautenden „p" ein „pf". Zeitgleich differenziert man nun auch bei der Beschreibung der Grenze. Die Holzpfähle der Palisade waren inzwischen vollständig verschwunden. Außer den Fundamenten der Römertürme war nur noch der Graben sichtbar geblieben. Daher wird der Limes in den schriftlichen Belegen aus dem Mittelalter und der frühen Neuzeit durch den Zusatz „Graben" erklärt, da das Simplex „Pol" oder „Pfal" für sich alleine nicht mehr verständlich war.

Selbst im verfallenen Zustand bildete der Limes immer noch einen markanten Orientierungspunkt im Gelände. Er war daher bestens geeignet, als Bezugspunkt für die Benennung von Flurstücken, die an ihn grenzten, zu dienen.

So hat sich der Pfahlgraben als Bestandteil mehrerer Flurnamen erhalten. In Arnoldshain gibt es zum Beispiel die „Pfahlgrabenwies". Sie liegt nördlich des Limes, rund 700 Meter westlich der Straßenkreuzung am Sandplacken. Belegt ist auch ein Polborn auf Oberemser Gemarkungsgebiet. Der Wasserlauf entspringt nördlich des Limes und südlich des Sportplatzes im Hobholz. Der Polborn wird bereits in einer Beschreibung des Amtes Reifenberg des Amtmannes Johann Reichard Fabricius im 17. Jahrhundert genannt. In dieser Akte werden außer dem „Polgraben" auch zwei Orte erwähnt: „Pohlburg" und „Pohlberg". Die Siedlungsstelle Pohlburg sei bereits im Dreißigjährigen Krieg wüst geworden, heißt es dort. Pohlberg hat zu diesem Zeitpunkt offenbar noch bestanden. Es muss offen bleiben, ob diese Orte Dörfer im heutigen Sinne gewesen sind. Es könnte sich auch lediglich um Wirtschaftsstellen gehandelt haben, in denen Kleingewerbe und Feldarbeit getätigt wurde. Die Nutzung erfolgte von Schmitten und Reifenberg aus, eine dauerhafte Wohnstelle hätte es dann nicht gegeben. Es ist offensichtlich, dass die Namensgebung dieser Örtlichkeit durch die Nähe zum Limes beeinflusst wurde.

Der Name Pohlburg findet sich auch auf einer Karte des Amtes Reifenberg. Überträgt man die Lage auf ein modernes Kartenblatt, dann erscheint es so, als ob es sich bei Pohlburg um das Römerkastell „Kleiner Feldberg" gehandelt haben könnte. Pohlberg fehlt auf dieser Karte. Vermutlich ist Pohlberg die Bezeichnung für die neben dem Kastell liegende „Heidenkirche", das ehemalige Kastellbad.

Vermutlich ist Pohlberg die Bezeichnung für die neben dem Kastell liegende „Heidenkirche", das ehemalige Kastellbad.

In unmittelbarer Nähe des Kastells Feldberg befindet sich auch die Weilquelle. Die Weil wird bereits 772 im Lorscher Codex als „Wilina" erwähnt. Unklar ist dabei, ob es sich um den Fluss handelt oder um den Ort Dorfweil. Lange Zeit vermutete man in Wilina einen germanischen oder keltischen Wortstamm. Doch mittlerweile neigen Sprachforscher zu der Auffassung, dass sich „Weil" aus dem lateinischen „villa" (Dorf, Hof) entwickelt habe. Daraus wurde dann der heutige Name „Weil". Namensgeber für das Gewässer wäre demnach das Römerkastell Feldberg gewesen. Die Germanen, die nach der Aufgabe des Limes in den Taunus vordrangen, hielten das verfallene Kastell für eine römische villa. Auf die in unmittelbarer Nähe des Kastells befindliche Weilquelle wurde der Name des benachbarten Bauwerks übertragen. Die Ortschaft Dorfweil erhielt schließlich den gleichen Namen wie der Wasserlauf, der durch die Ortsgemarkung fließt.

Alexander Wächtershäuser

Der Drusenküppel: Auf den Spuren eines „römischen“ Flurnamens

Der Name „Drusenküppel“ wirkt auf den ersten Blick so, als ob auch er auf eine lateinische Namenwurzel zurückzuführen sein könnte. In der Tat wurde bei den Überlegungen, ob die „Höhe“ jenes Gebirge ist, das bei Tacitus als „mons Taunus“ bezeichnet wurde, von den Befürwortern dieser These der Drusenküppel als Beweis herangezogen. Hatte doch Drusus, der Stiefsohn des Kaisers Augustus, in den Jahren 10 und 9 vor Christus von einer von ihm erbauten Festung „in monte Tauno“ aus Feldzüge ins chattische Gebiet unternommen.

Doch genauso lange gibt es auch schon Zweifel an dieser Theorie. Der Drusenküppel liegt 300 Meter östlich von Obernhain. Es handelt sich um einen Erdhügel von etwa 40 Metern Durchmesser, der mit Bäumen bewachsen ist. Die Zweifel an einem Zusammenhang zwischen dem Drusenküppel und dem römischen Feldherrn Drusus haben sich inzwischen als begründet erwiesen: Bei Grabungen fand man dort die Reste einer kleinen mittelalterlichen Burganlage, einer so genannten Motte.

Die Bedeutung des Namens Drusenküppel ist bis heute nicht gesichert. Er kann auf eine mittelalterliche Eisengewinnung beziehungsweise Eisenverarbeitung (Kalteisenschmiede) hinweisen. Und in der Tat: Um die Motte herum wurde bei archäologischen Grabungen eine größere Eisenverhüttungsanlage festgestellt. Louis Jacobi vermutete daher bei dem Namen eine Ableitung aus dem Eisenhütten-Fachbegriff „Drusen“ für Eisenschlacken. Allerdings ist dieser Begriff in unserer Region ansonsten unbekannt.

Weitere Aufschlüsse über die Deutung des Flurnamens gibt die Bezeichnung „Kalusenkippel“ oder „Kalosenkippel“, wie der Drusenküppel in der Mundart genannt wird. Auch hier kann man die Hüttensprache zur Interpretation heranziehen. „Klaus“ ist der Fachbegriff für eine Grube, in der Wasser durch einen Damm gestaut wird. Doch auch diese Interpretation konnte bislang noch nicht einwandfrei belegt werden. Denn „Klaus“ kann auch auf die so genannten Klausbäume zurückgeführt werden. In der Forstsprache sind das wertvolle Bäume, zumeist Eichen, die gesondert von anderen Waldbäumen stehen. Der Begriff ist mehrfach in den Akten der Hohen Mark belegt. Er geht auf das lateinische Verb „claudere“ („schließen“, hier im Sinne von „abgeschlossenes Gelände“) zurück.

Aber damit nicht genug der Deutungen. Andere Forscher glauben an einen Zusammenhang mit dem lateinischen „clausura“ (Sonderteil) und verweisen darauf, dass der Drusenküppel mitten in der Allmende, der Gemeindeweide Obernhains, liegt. Sie interpretieren den Namen als Bezeichnung für einen Hügel, der wegen der Eisenverhüttung Sondereigentum des Landesherrn war und aus der Allmende herausgelöst wurde. Und immer noch nicht genug der Möglichkeiten: Heinrich Jacobi verweist auf eine Karte aus dem Jahr 1792, in der das an den Drusenküppel angrenzende Flurstück „Drusenmarsch“ als Russenmarsch bezeichnet wird, früher auch schon „Rosenmarsch“ genannt. Er glaubt, dass dies die Bezeichnung für eine Viehweide ist.

Die sicherlich schönste – wenn auch unwahrscheinliche – Deutung ist aber die, dass der Name vom Großen Schneeglöckchen (Leukojum vernum) abgeleitet wurde, das dort vorkommt. Aus Leukojum habe sich dann im Sprachgebrauch „Kalose“ entwickelt.

Der Drusenküppel ist ein Paradebeispiel für die Probleme, die es bei der Deutung von Flurnamen gibt. Denn oftmals hat man es mit einer Vielzahl von Interpretationsmöglichkeiten zu tun. Da hilft dann nur das systematische Ausschließen von Theorien. Und – leider – allzu oft kommt man zu keinem eindeutigen Ergebnis. Trotz aller Unwägbarkeiten in Bezug auf den Drusenküppel bleibt festzuhalten: Ein römischer Flurname ist er auf keinen Fall.

Der Drusenküppel bei Obernhain interessierte die Heimatforscher bereits um 1900: Bis heute ist die Deutung des Flurnamens umstritten. Die These, dass hier der römische Feldherr Drusus gelagert und somit als Namensspender für die markante Erhebung gedient habe, ist aber inzwischen widerlegt.

Ein Germanenfürst, wie er nach den neuesten historischen Forschungen gekleidet und bewaffnet war. Dem Klischee nach, das die römischen Gelehrten verbreiteten, waren die Germanen einem Schluck Wein nicht abgeneigt. Später veränderte sich das Bild, das die Römer von den Germanen hatten. Zunächst glaubten sie, dass diese zur keltischen Volksgruppe gehören. Aber bereits Caesar berichtet von den Unterschieden. Er legte mit seinen Berichten den Rhein als ethnische Grenze fest: rechts Germanen, links Gallier (Kelten).

Konfrontation und Koexistenz

Zum Frühstück essen sie Fleischstücke, die gliedweise gebraten sind, dazu trinken sie Milch und ungemischten Wein." So charakterisiert der griechische Universalgelehrte Poseidonios von Apameia (135–51/50 vor Christus) die im Norden Europas lebenden Völker, die er erstmals als Germanen benennt. Dies entsprach sicherlich nicht unbedingt der Wahrheit, sollte aber deutlich machen, dass diese Völkerschaften auf einer niedrigeren Kulturstufe als diejenigen der mediterranen Welt standen.

Die Römer kamen mit den Germanen erstmals gegen Ende des 2. Jahrhunderts vor Christus in Berührung. Damals (um 120 vor Christus) brachen die Kimbern und Teutonen vermutlich nach verheerenden Flutkatastrophen im Norden Jütlands auf und stießen in kurzer Zeit in die Regionen der keltischen Kultur Mitteleuropas vor. Die römischen Zeitgenossen hatten die Kimbern und Teutonen als wandernde Heere in keltischem Gewand wahrgenommen. Aus diesem Sachverhalt wird deutlich, dass sich die germanischen Völkerschaften in ihren kulturellen Äußerungen zunächst kaum von denen der überlegenen keltischen Zivilisation unterschieden.

Funde belegen, dass einige der germanischen Stämme, die sich im 1. Jahrhundert vor Christus hier niederließen, aus dem Gebiet des heutigen Polens und dem Osten Deutschlands stammen. Die Angehörigen dieser Stämme werden daher als Elbgermanen bezeichnet. Die Fundgebiete dieser elbgermanischen Kultur erstrecken sich vom nördlichen Rand der deutschen Mittelgebirge über Hessen und Thüringen bis nach Mainfranken und Böhmen hin. Und natürlich beeinflussten die einwandernden Elbgermanen das gesellschaftliche Gefüge der einheimisch-keltischen oder unter dem zivilisatorischen Einfluss der spätkeltischen La-Tène-Kultur stehenden

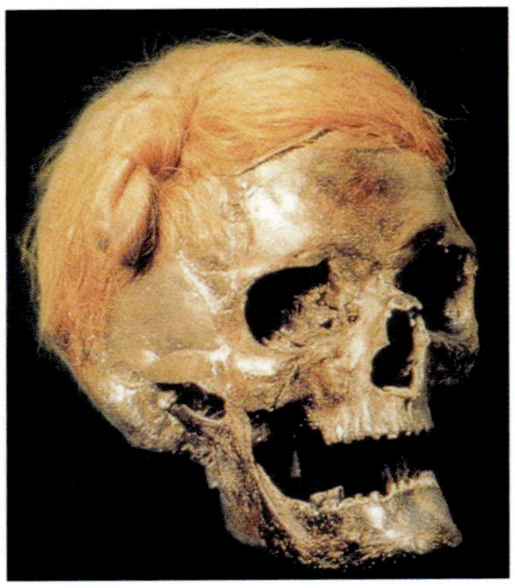

Die Suebi Nicrenses, die so genannten Neckarschwaben, führten für Rom oftmals Milizdienste durch. Sie sollten zur Beruhigung der Situation am Rhein beitragen. Markantestes Merkmal dieser Bevölkerungsgruppe war der Haarzopf, den sie an der rechten Stirnseite trugen. Dieser Zopf ist auch bei einer Moorleiche erhalten geblieben, die in Osterby in Schleswig-Holstein geborgen wurde. (oben)

Die Haartracht fand auch auf dem Kessel von Musov, benannt nach seinem Fundort in Böhmen, ihren Niederschlag. (rechts)

Bevölkerungsgruppen entscheidend. Sie dürften einen nicht unwesentlichen Anteil daran besessen haben, dass es zur Aufgabe der spätkeltischen Höhensiedlungen (oppida) durch ihre Bewohner kam, weil die Neuankömmlinge deren wirtschaftliche und politische Grundlagen zerstörten.

Die hessischen Fundorte liegen in der Mehrheit am Nord- und Ostrand der Wetterau. Charakteristisch sind die Grabfunde aus Lich-Muschenheim im Kreis Gießen und aus dem Siedlungsplatz Hanau-Mittelbuchen. Sie verweisen auf germanische Neusiedler aus dem Nordosten, die offenbar in mehreren Schüben kurz vor und um die Mitte des ersten vorchristlichen Jahrhunderts in das Land gekommen waren, sich allmählich mit der einheimischen, noch keltisch geprägten Bevölkerung assimiliert hatten, sich aber offenbar als Herren über diese aufschwangen. Dieser Vorgang lässt sich mit Geschehnissen verbinden, die aus Sicht der römischen Geschichtsschreibung überliefert sind. Bereits im Jahr 71 vor Christus hatte Ariovist, der Heerführer der germanischen Sueben, mit 15 000 Mann den Rhein überschritten und in die innergallischen Kämpfe zwischen Haeduern und Sequanern eingegriffen. Sein Heer erhielt in den Folgejahren steten Zuzug aus den rechtsrheinischen Gebieten. Die Sequaner mussten ihm zur Ansiedlung seiner Gefolgsleute erhebliche Gebiete abtreten, von denen aus er Druck auf die Helvetier im Gebiet der heutigen Schweiz ausübte. Diese wurden auf diese Weise veranlasst, nach Gallien abzuwandern, was schließlich den römischen Feldherrn Gaius Julius Caesar auf den Plan rief. Caesar gelang es, Ariovist in einer offenen Feldschlacht in der Gegend von Mühlhausen (Elsass) zu besiegen, worauf dieser die Flucht über den Rhein antrat.

Auf der rechten Rheinseite im Gebiet der heutigen Wetterau entsprechen die beschriebenen Funde dieser Zeitstellung. Offenbar handelt es sich um einzelne hier siedelnde Gruppen der Ariovistgermanen, wobei nicht zu entscheiden ist, ob aus bereits bestehenden Siedlungen Männer an der germanischen Expansion nach Gallien teilnahmen oder ob die Siedlungen erst nach der Niederlage von den zurückflutenden Sueben gegründet wurden.

Unter dem Eindruck der Geschehnisse hat Caesar die Grenzfunktion des Rheins bestimmt. In der Wahrnehmung der Gallier und danach auch in der Wahrnehmung Caesars waren die den Rhein von Ost nach West überschreitenden Völkerschaften Germanen. Caesar nutzte die Beschreibung des Rheins als ethnische Trennlinie – hier Kelten, dort Germanen. Sie versetzte ihn in die Lage, seine militärischen Aktivitäten in Gallien zu begründen. Er konnte deutlich machen, dass mit dem Rhein nicht nur die naturräumliche, sondern auch die Völkergrenze erreicht war, weswegen es verständlich wurde, warum er auf Eroberungen rechtsrheinischer Gebiete verzichtet hatte.

Wie die Geschichte in Gallien weiterging, ist bekannt: Caesar eroberte ganz Gallien. Als der Feldherr die neuen gallischen Provinzen verließ, um sich in den römischen Bürgerkrieg zu stürzen, waren die Verhältnisse zwischen Pyrenäen und Nordsee so weit befriedet, dass es zu keinen größeren Aufständen mehr kam.

Germaneneinfälle zwingen zu neuen Strategien

Trotz Caesars Befriedungsbemühungen blieb die germanische Gefahr bestehen. Immer wieder kam es zu Einfällen germanischer Stammesgruppen in die frisch eroberten gallischen Gebiete.

Das politische Vordringen Roms ins rechtsrheinische Gebiet scheinen wir fassen zu können, denn es sind Aufenthalte römischer Militärpersonen rechts des Rheins belegt. Archäologisch spricht auch das Abbrechen der Besiedlung der keltischen Oppida (auch des Heidetränk-Oppidums) für einen wachsenden politischen und militärischen Druck. Doch befriedet war das Gebiet noch lange nicht: Als 16 vor Christus Germanen nach Gallien vordrangen, stellte sich der Legat Marcus Lollius den Scharen mit einer Legion entgegen. Doch die Truppe wurde aufgerieben. Diese Niederlage gab den Ausschlag zu einer Umorientierung der römischen Politik. In Gallien wurden die Verhältnisse in eine feste Provinzialordnung überführt. Die Truppen wurden aus dem Innern Galliens an strategische Plätze an den Rhein verlegt, wo Legionsgarnisonen entstanden.

Eine derartige lineare Aufstellung an einer Außengrenze war neu. Mit dieser Konzeption wurde zweierlei erreicht: auf der einen Seite die Kontrolle des gallischen Rückraums, andererseits die schnelle Interventionsmöglichkeit in Germanien. Man könnte darin im Grunde bereits das spätere Limesschema erkennen.

Wie nahe die Römer damals daran waren, Germanien zur Provinz zu machen, zeigen heutige Grabungen. Hier ist der Ort Waldgirmes bei Wetzlar zu nennen, wo die Reste einer römischen Stadt ausgegraben wurden. Möglicherweise handelt es sich um die Anlage einer colonia, die im Gründungsstadium stecken geblieben ist. Im Fundmaterial fällt ein großer Prozentsatz an germanischer Keramik ins Auge. Offenbar wurden Germanen hier angesiedelt, um zur Versorgung der neuen Stadtgründung beizutragen. Das Ende der Stadt fällt zusammen mit der römischen Niederlage im Teutoburger Wald. Rom beschränkte sich in der Zeit danach darauf, die Verhältnisse am Rhein ruhig zu halten. Dazu diente die Ansiedlung germanischer Stammesgruppen, unter anderem der so genannten Neckarschwaben, Suebi Nicrenses, rechts des Ober- und Mittelrheins. Sie führten Milizdienste im Sinne Roms aus.

Die Römer planten zunächst, weitere rechtsrheinische Gebiete ins Reich einzugliedern. Dazu gab es bereits verheißungsvolle Ansätze. So entstand bei Waldgirmes, also außerhalb der späteren Provinz Obergermanien, eine römische Stadt, doch mit der Niederlage in der Schlacht beim Teutoburger Wald fanden diese Ambitionen ein Ende. Die Stadt wurde aufgegeben, der Rhein zunächst wieder Reichsgrenze. Erst später errichteten die Römer den Limes.

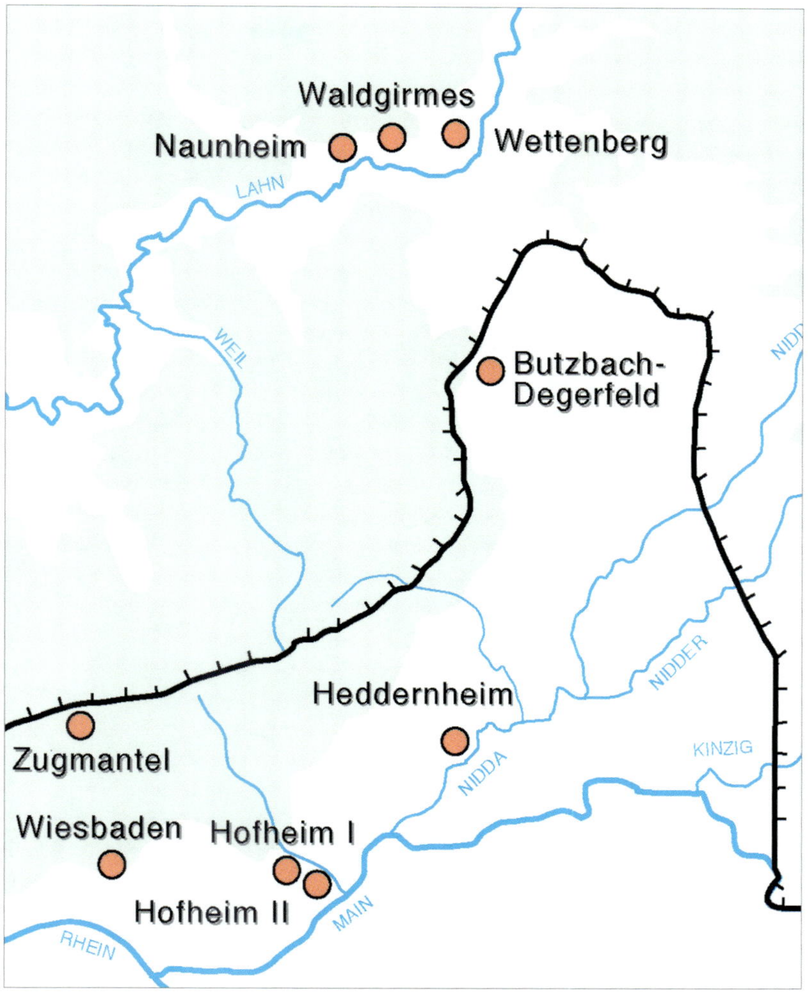

Umzug in den Schutz des Limes

Erst unter dem Kaiser Vespasian erfolgte in den 70er Jahren des 1. Jahrhunderts nach Christus erneut die Besetzung rechtsrheinischer Gebiete. Der Krieg Domitians gegen die Chatten in den Jahren 83 bis 85 nach Christus sicherte der Provinz Obergermanien den Gebietsstreifen rechts des Rheins.

Im Vorfeld des Limes befanden sich zahlreiche germanische Siedlungsstellen, die zeitgleich mit der Einrichtung des Limes existierten. Funde belegen eine lange friedliche Koexistenz von Germanen und Römern an der Grenze. Im Falle der bei Usingen festgestellten Germanen ist man geneigt anzunehmen, dass diese den Nachschub von Heu und Getreide für die Taunusgarnisonen sicherstellten, wenn sie nicht sogar die römischen Viehherden im Usinger Land unterhalb des Taunuskamms geweidet haben.

Germanische Fundplätze gibt es aber auch im Limeshinterland. Sie gehören zum rhein-weser-germanischen Formenkreis. Die frühesten Fundplätze liegen im Umgebungsbereich von römischen Lagern und Kastellen, sodass auch hier mit der gezielten oder geduldeten Ansiedlung zu rechnen ist. Prominentestes Beispiel ist sicherlich das Kastell Zugmantel, in dessen Lagerdorf sich germanische Ware des 2. und 3. Jahrhunderts nachweisen ließ. Offenbar fand hier eine germanische Bevölkerungsgruppe Aufnahme im römischen Umfeld. Diese Germanen dürften den Wachtdienst im Kastell und die Versorgung der Truppe am Ort sichergestellt haben. Ihre Keramik hatten sie mitgebracht und weiter verwendet, was zeigt, dass sie ihr germanisches Siedlungsumfeld vor dem Limes plötzlich verlassen hatten. Vor allem in der Spätzeit des Limes dürfte das Übersiedeln von Germanen hinter den Limes öfter vorgekommen sein. Egon Schallmayer

So stellte man sich im 19. Jahrhundert den Limesfall vor: Die Sueben erstürmen die römischen Kastelle und drängen die Römer immer weiter zurück.

Das Ende römischer Herrschaft

In der modernen Geschichtsschreibung ging man lange Zeit davon aus, dass die Germanen, unter ihnen insbesondere die Alamannen, um 260 in einem gewaltigen Sturmangriff den Limes überrannten, die römischen Truppen überwältigten, die Zivilbevölkerung vernichteten und die eroberten Gebiete in Besitz nahmen. Die Grundlage für ein derartiges Geschichtsbild bilden die spätantiken Quellen, die ein düsteres Bild von den Einfällen germanischer Stämme in die rechtsrheinischen Provinzialgebiete und nach Gallien zeichnen. Diese Darstellungen wurden im 19. und frühen 20. Jahrhundert allzu kritiklos aufgenommen, als sich die Deutschen gerne mit den Germanen gleichsetzten und imperiale Wunschträume hegten. Aber nicht allein aus diesem Grund ist ein solches Geschichtsbild abzulehnen. Es sind vor allem sachliche Erwägungen, die an seiner Glaubwürdigkeit Zweifel aufkommen lassen. Denn wenn es zu einer gewaltsamen Erstürmung des Limes gekommen wäre, dann müssten sich mit den verfeinerten Methoden der archäologischen Forschung dementsprechende Indizien nachweisen lassen. Bislang fehlen aber

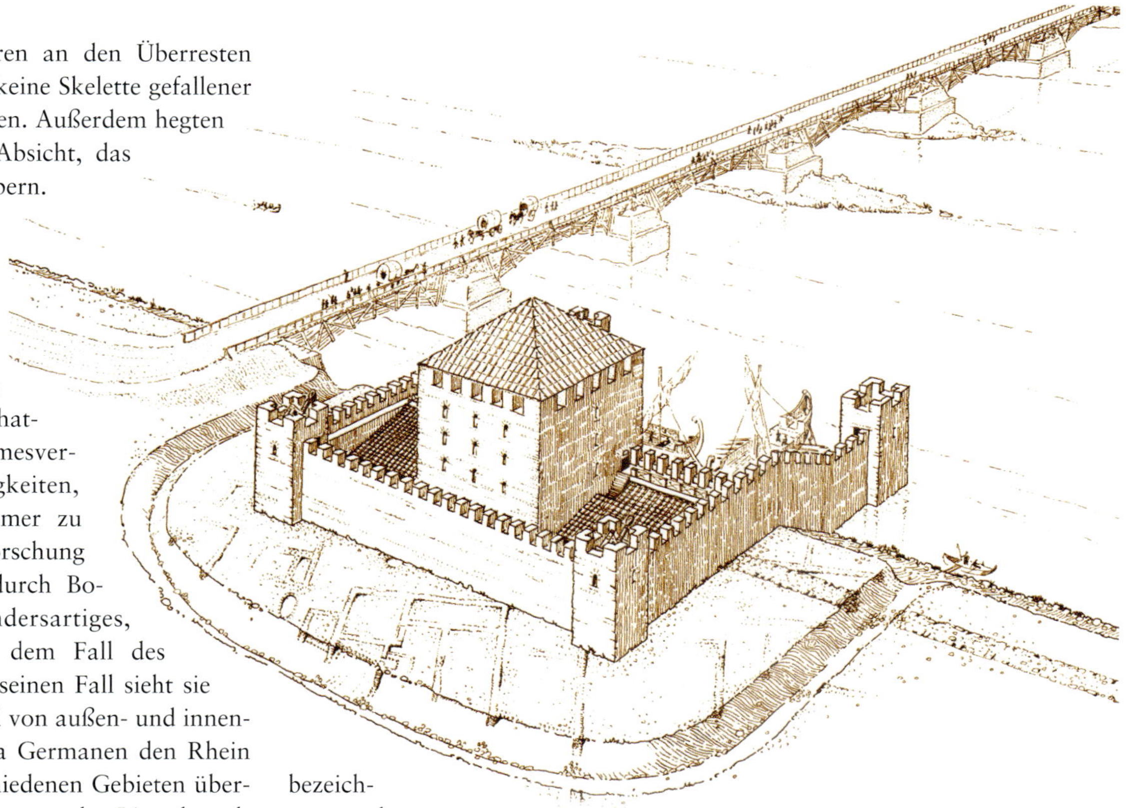

Im 4. Jahrhundert begannen die Römer mit dem Ausbau neuer Befestigungsanlagen, der Burgi, um die angreifenden Germanen abzuhalten. Während der Regierungszeit Valentinians I. (364–375) entstand der Burgus von Ladenburg. Dessen Wehrmauer reichte bis in den Neckar hinein, um anlegende Schiffe schützen zu können (oben).

irgendwelche Brandspuren an den Überresten des Limes und konnten keine Skelette gefallener Soldaten gefunden werden. Außerdem hegten die Germanen nie die Absicht, das Römische Reich zu erobern. Dazu waren sie zahlenmäßig, waffentechnisch und auf Grund schlechter strategischer Kenntnisse auch nicht in der Lage. Noch bis ins 5. Jahrhundert hatten germanische Stammesverbände große Schwierigkeiten, befestigte Orte der Römer zu erobern. Die neuere Forschung zeichnet nicht zuletzt durch Bodenfunde ein ganz andersartiges, „friedliches" Bild von dem Fall des Limes. Die Ursache für seinen Fall sieht sie in einem Zusammenspiel von außen- und innenpolitischen Faktoren. Da Germanen den Rhein und die Donau in verschiedenen Gebieten überschritten, wurden Truppen von den Limeskastellen abgezogen. Ferner nahmen in Germanien stationierte Einheiten an dem Feldzug gegen die Perser teil, der mit einer schmachvollen Niederlage des römischen Kaisers endete. Weil dessen Sohn Gallienus die römischen Provinzen nicht ausreichend schützen konnte, sagte sich der Statthalter Postumus von Rom los und gründete 260 das Gallische Sonderreich, zu dem auch Spanien und Britannien gehörten.

> „Alles, was ich jenseits des Rheines erblicke, ist römisch."

In dieser unsicheren Zeit verließ zumindest ein Teil der Zivilbevölkerung die rechtsrheinischen Provinzialgebiete oder zog sich in befestigte Siedlungen zurück. Germanen, die der sich vom Niederrhein über Nordhessen bis nach Mainfranken erstreckenden rhein-wesergermanischen Kultur zugeordnet werden können, nutzten die Situation aus und wanderten gegen Ende des 3. Jahrhunderts bis zum Beginn des 4. Jahrhunderts in die verlassenen Gebiete ein. Dabei fand aber keine systematische Landnahme oder planmäßige Besiedlung statt. Durchaus mit Duldung der Römer ließen sich die Einwanderer in der Nähe oder direkt in verlassenen Siedlungen, Gutshöfen und Kastellen nieder. Die neuen Siedler, die bald als Alamannen bezeichnet wurden, waren in mehreren kleineren Stämmen organisiert. An ihrer Spitze standen erfahrene Krieger, die die Römer als Könige (reges) bezeichneten. Zwar fehlen für die Zeit nach 254 Zeugnisse, mit denen sich eine geordnete Zivilverwaltung nachweisen ließe. Doch kann daraus keineswegs der Schluss gezogen werden, dass die Römer ihren Anspruch auf die rechtsrheinischen Limesgebiete aufgaben. Ganz im Gegenteil behielten sie ihn zumindest formal aufrecht. Noch im Jahre 289 erklärte ein Redner in seiner Lobrede auf Kaiser Maximilan: „Alles, was ich jenseits des Rheines erblicke, ist römisch." Nachdem Kaiser Aurelian 274 den letzten Herrscher des Gallischen Sonderreiches besiegt hatte, ließ sich sein Nachfolger Probus 277/278 nach einem erfolgreichen Feldzug gegen die Germanen als Wiederhersteller der Provinzen und öffentlichen Bauwerke feiern. Unter Diokletian wurden nicht nur die germanischen Provinzen neu geordnet, sondern

Nach den Römern kamen die Alamannen und Franken und nahmen das Land zwischen Main und Taunus in ihren Besitz. Die Ausgrabungen auf dem fränkischen Gräberfeld in Gonzenheim brachten Aufschlüsse über den fränkischen Totenkult (oben).

auch der Limes endgültig zurückgenommen und an die Flüsse Rhein – Iller – Donau verlegt. Gleichzeitig begann man mit dem Ausbau neuer Befestigungsanlagen, der Burgi, den allerdings erst Valentinian I. im Jahr 369 abschloss. Während seiner Regierungszeit entstand der Burgus von Ladenburg. Dessen Wehrmauer reichte bis in den Neckar hinein, um Schiffe, die anlegten, besser schützen zu können. Zur weiteren Absicherung der Reichsgrenze wurden mehrere Flottenstützpunkte, so auch in Mainz, eingerichtet. Das Vorfeld dieses „nassen Limes" behielten die Römer weiterhin unter ihrer Kontrolle. Mit den neuen Siedlern schlossen sie alsbald Verträge, die jene dazu verpflichteten, Kriegsdienst zu leisten und die Römer mit Getreide, Vieh oder auch Pferden zu versorgen. Doch die Koexistenz von Alamannen und Römern war keineswegs friedlich. Bereits für 297 sind Verwüstungen von Mainz bis nach Günzburg bezeugt.

Ab 352, als Alamannen und Franken nach Gallien und in das Gebiet der heutigen Schweiz einfielen, nahmen die militärischen Auseinandersetzungen weiter zu. Im Jahr 357 konnte Kaiser Julian den Alamannen bei Straßburg eine empfindliche Niederlage beibringen. Drei Mal stieß er damals in rechtsrheinische Alamannengebiete vor. Bei einem dieser Vorstöße im Jahre 359 setzten seine Truppen auf einer Pontonbrücke über den Rhein, sicherten Mainz und verwüsteten die alamannischen Siedlungen. Einige Soldaten fuhren auf schnellen Schiffen mainaufwärts und erreichten auf ihrer Strafexpedition das Befestigungswerk Trajans, worunter wohl nicht ein bestimmter befestigter Ort, sondern eher ein Teilstück des obergermanischen Limes zu verstehen ist. Julians Soldaten stellten es in großer Eile wieder her und ließen eine Besatzung zurück.

Nach Julians Tod 363 kam es erneut zu Überfällen der Alamannen. 368 plünderten sie Mainz. Valentinian I. stieß daraufhin in rechtsrheinisches Gebiet vor und besiegte die Alamannen bei Solicinium, einer Bergfestung, bei der es sich um den Glauberg gehandelt haben könnte. Aber bald darauf fanden solche Feldzüge ein Ende. Gratian, Valentinians I. Sohn, unternahm im Frühjahr 378 den letzten bekannten Vorstoß über den Rhein gegen die Alamannen. Als dann in der Silvesternacht des Jahres 406 Vandalen, Sueben und Alanen bei Mainz den zugefrorenen Rhein überschritten, um nach Gallien vorzustoßen, ging es mit der römischen Herrschaft endgültig zu Ende. Nur noch für das frühe 5. Jahrhundert ist die Präsenz römischer Soldaten in Befestigungsanlagen bezeugt. Die rechtsrheinischen Provinzialgebiete blieben noch fast 100 Jahre unter alamannischer Herrschaft. In der Schlacht bei Zülpich besiegte der Frankenkönig Chlodwig 496 oder 507 die Alamannen. Seitdem gehörte das Limesgebiet zum Fränkischen Reich – mit dem Namen Franken-Furt für einen Ort am Main, an dem einst ein römischer Militärposten gestanden hatte, machten ihre Könige diesen Herrschaftsanspruch deutlich.

Frank Ausbüttel

Die bei den Gonzenheimer Ausgrabungen gefundenen Grabbeigaben ermöglichen eine Datierung der fränkischen Landnahme in das 6. Jahrhundert.

Zeugen der Vergangenheit: Bei einer Grabung am Kastell Maisel wurden im Jahr 1893 Eisen- und Bronzeteile gefunden.

Alles römisch – oder wie?

Wenn man es genau nimmt, haben die Römer seit der zweiten Hälfte des 19. Jahrhunderts den Taunus wieder neu erobert, und das gründlich und andauernd. Nach den Befreiungskriegen und im Gefolge des Deutsch-Französischen Krieges sympathisierten unsere Vorfahren eher mit den Germanen als mit den Römern. Der Königsteiner Heimatforscher Georg Piepenbring spricht noch 1894 von den „räuberischen Römern“, die „germanische Cultusstätten entweiht“ hätten. Das Interesse der Archäologie galt den Kulturen Italiens und Griechenlands, und ab Mitte des 18. Jahrhunderts kann von einer wissenschaftlichen Forschung an Saalburg und Limes gesprochen werden.

Die Herzen der Laien und Heimatforscher im Taunus gewannen die Römer aber erst durch die Grabungen der Saalburg-Kommission und später der Reichs-Limeskommission. Was sich vorher meist unter Ausschluss der Öffentlichkeit in Köpfen und Publikationen abgespielt hatte, trat nun für alle sichtbar bei den Ausgrabungen am Limes zu Tage, an denen man sich sogar als Laie beteiligen konnte. Von da an war die Begeisterung für alles Römische nicht mehr zu bremsen. Besonders in Königstein und seiner Umgebung hätte man gern alles römisch gehabt. Warum sollte nicht die Burgruine römischen Ursprungs sein und die schnurgerade Straßenführung von Höchst nach Königstein ebenfalls? Auch in der jüngeren Literatur wird das häufig noch so gesehen. Der Königsteiner Historiker Wolfgang Erdmann (1944–2003) hat aber bei seinen Nachforschungen, die er über den Bau der „Limburger Chaussee“ (jetzige B 8) veröffentlicht hat, andere Erkenntnisse gewonnen. Die ab 1760 geplan-

Die Forscher stießen auch auf römische Glasscherben. Für Heimatforscher Georg Piepenbring war das der Beweis, dass die Römer hier Glas hergestellt hatten.

te und 1823 in Betrieb genommene Straße hat durch zeitaufwändige Umlegungen von Äckern, Wiesen und Grundstücken ihre gerade Streckenführung erhalten. Aus verkehrstechnischen und fiskalischen Gründen wurde die Straße an Gebieten der Reichsstadt Frankfurt vorbei und nur auf dem Gebiet des Mainzer Kurstaates geführt.

Und wie stand es mit der Königsteiner Burg? Georg Piepenbring machte sie zu einem Castell, einem römischen Winterlager, und wies auf den angeblich römischen „fischgräthischen“ Steinverband hin, der an zwei Seiten der Ruine zu sehen ist. Unter der Fragestellung „Ist die Burg Königstein römischen Ursprungs?“ fand 1932 auf der Saalburg ein Gespräch zwischen dem Baurat Heinrich Jacobi und August Heimpel statt. Auch hier wird das Fischgräten-Mauerwerk zur Sprache gebracht, das Jacobi als eindeutig mittelalterlich bezeichnet. Er gibt seinem Gesprächspartner einen guten Rat: „Räumen Sie mit den römischen Redereien in Königstein doch einmal auf. Der Platz hat aus mittelalterlicher Zeit Interessantes und Anziehendes genug!“

Das mag auch heute noch so gelten. Allerdings konnte Jacobi noch nicht die späteren Grabungsergebnisse am Burgberg kennen, die auf eine sehr frühe – also vorrömische Besiedelung – dieses Gebietes hinweisen. Eine einfache Erklärung bot sich für Georg Piepenbring auch bei der Deutung des Namens „Romberg“, der Erhebung nordöstlich von Königstein, an. Römische Soldaten der 22. Legion hätten ein Götzenbild auf dem Romberg errichtet und es der Stadt Rom geweiht.

Auf eine römische Vergangenheit könnte allenfalls die frühe Eisenerzverhüttung im Königsteiner Herrnwald, in den Schmittröder Wiesen, im Gebiet des Glaskopfes und des Feldbergkastells zurückzuführen sein. Der immense Bedarf an Eisen für Gerätschaften, Bauwerkzeuge, Nägel in den Kastellen und Wachttürmen rund um den Limes wurde wahrscheinlich, wie August von Cohausen und Louis Jacobi annehmen, an Ort und Stelle gedeckt. Eine ungebrochene Tradition dieser frühen Waldindustrie seit den Römern oder sogar noch davor ist möglich, aber wissenschaftlich noch nicht ausreichend erforscht.

Leider keine Römer auf Fischfang in Schloßborn!

Auch in Schloßborn hätte man es damals gern römisch gehabt. In seiner „Chronik für das Ort Schloßborn“ vermutet Altbürgermeister Johann Friedrich Marx (1881–1955), dass der beim jetzigen Caromber Platz gelegene und zugeschüttete Weiher ehemals den im Kastell Alteburg stationierten Soldaten zum Fischen gedient habe. Ein Blick in die Eppsteiner Urkunden gibt Aufschluss: Im Januar 1443 bekunden Eberhard der Ältere von Eppstein-Königstein und sein Sohn Eberhard der Jüngere, dass sie ihrem Vetter Gottfried von Eppstein die Anlage eines Sees in der „Pyfferbache“ (Pfefferbach) bei dem Dorf Born erlaubt haben. Leider keine Römer auf Fischfang in Schloßborn!

Anders als mit der Eisenverhüttung sieht es mit der Glasherstellung auf dem Taunuskamm aus. Dem Irrtum, die Römer hätten hier Glas geschmolzen und weiterverarbeitet, lässt sich heute noch schwer beikommen. Zu verlockend ist die Nähe von Glashüttenstandorten, die wir heute als spätmittelalterlich oder neuzeitlich ansprechen, zu Fundstellen von römischem Glas in Kastellen am Limes. Tatsache ist, dass die Autoren der frühen Regionalgeschichte Glashüttens keine Beziehungen zu einer möglichen römischen Glasproduktion im Taunus herstellten, ebenso wenig wie August von Cohausen, der sich für jegliche Bodenauffälligkeiten interessierte.

Von der wissenschaftlichen Seite her stellte als erster „Saalburg-Baumeister“ Louis Jacobi eine Verbindung zwischen römischen Glaswaren auf der Saalburg und ihm im Gelände bekannten Resten von Glasöfen her. In seinem 1897 erschienenen Werk „Das Römerkastell Saalburg“ schreibt er: „... in der Hauptsache sind die Glaswaren der Saalburg zweifellos Handelsartikel ..., doch ist nicht auszuschließen, daß gewöhnliche Glasgefäße und Glasscheiben nicht allzuweit von unserem Kastell – westlich vom Feldberg am Glaskopf – fabriziert wurden, woselbst das erforderliche Material (Quarz) zur Hand war. Die dort dicht am Pfahlgraben gefundenen alten Glasöfen und die mit einigen römischen Glasbruchstücken vermischten vielen Schlacken machen dies sogar wahrscheinlich.“

Die Formulierung „mit einigen römischen Glasbruchstücken“ in Bezug auf das damals ja nur oberflächlich zu Tage tretende Fundmaterial überrascht. Wahrscheinlich ist, dass Jacobi jegliche Glasfunde als römisch angesprochen hat, nicht wissend, dass das „erforderliche Material (Quarz)“ nicht einmal für die spätmittelalterliche Glasherstellung in unserer Region geeignet war, geschweige denn das hochwertige römische Soda-Asche-Glas ergeben hätte. Bei den archäologischen Ausgrabungen der Glashütten „An der Emsbachschlucht“ (2000), „Unterhalb Dornsweg“ (2001) und „Am Buchholzweg“ (2002) wurde an allen drei Standorten am Glaskopfhang neben den überreichlichen Resten spätmittelalterlicher Holz-Asche-Gläser aber auch Einzelfunde von qualitätvollem Soda-Asche-Glas festgestellt. Dieses Glas ist nicht im Taunus produziert, sondern als Glasbruch zum Wiedereinschmelzen oder als Musterstücke aus dem Mittelmeerraum (Venedig) importiert worden. Von römischen Glasbläsern im Taunus ist dieses Glas nicht hergestellt worden.

Schon vor Jacobi, im Jahre 1895, publizierte der Königsteiner Heimatforscher Georg Piepenbring seine Ansicht, römische Veteranen hätten sich am Fuß des Glaskopfes angesiedelt, um Glas und Eisen zu verfertigen. Was das Glas angeht, so mutet diese Aussage naiv an, da die Technik des Glasofenbaues, des Glasschmelzens und die Weiterverarbeitung zu Hohl- und Flachglas eine hochdiffizile Angelegenheit ist, die man nicht, quasi als Hobby, in der Freizeit betreiben kann. Piepenbring und Louis Jacobi haben sicher ihre Gedanken über eine römische Glasherstellung im Taunus ausgetauscht, denn Piepenbring hatte 1893 an Jacobis Grabungen am Kleinkastell Maisel teilgenommen. Dort waren Bruchstücke römischen Fensterglases gefunden worden. Was lag daher näher, als die vom Kastell Maisel aus deutlich sichtbaren Reste der Glashütte am Stockborn, die im Jahr 1685 zur Gründung des Ortes Glashütten geführt hatte, für römisch zu erklären? Verwirrend war auch, dass in der frühneuzeitlichen Glashütte am Stockborn Reste von Römern gefunden worden waren. Gemeint waren Weingläser, aber die Begeisterung machte ganz schnell aus „Römern“ römisches Glas. Auch im so genannten Pfeilerbau am Emsbach, in dessen unmittelbarer Nähe sich die spätmittelalterliche Glashütte „An der Emsbachschlucht“ befindet, waren bereits 1853 Bruchstücke eines römischen „flachsblauen“ Glasgefäßes gefunden worden.

Der Irrtum, die spätmittelalterlichen und frühneuzeitlichen Glashütten in Limesnähe stammten aus römischer Zeit, geht schnell über die wissenschaftliche in die heimatkundliche, aber auch in die technische Literatur bis zum Ende des 20. Jahrhunderts ein. So schreibt Heinrich Maurach in den „Glastechnischen Berichten“ 1934: „Im Gebiete des Rheines bestanden zur Zeit der römischen Herrschaft in Trier, Köln und auch in der Taunusgegend zahlreiche Glashütten.“ Für uns heute ist die Häufung von Glashüttenstandorten in Limesnähe durchaus erklärbar, stellt doch der Limes seit seines Entstehens bis in die heutige Zeit eine Territorialgrenze dar, und Glashütten, die gefährliche Feuerhandwerksbetriebe waren, wurden vorrangig in Grenzgebieten errichtet. Die archäologischen Untersuchungen der Jahre 2000, 2001 und 2002 und die archivalische Forschung in der Zwischenzeit haben zweifelsfrei ergeben: keine originäre römische Glasproduktion im Limesbereich!

Bei einem Grenzumgang im Jahre 1492 erläutert Enders Bingenheimer, Schöffe zu Kronberg, den Teilnehmern eine besondere Stelle am heutigen Emstalweg bei Glashütten. Er verweist darauf, dass im Gegensatz zu Grenzmarkierungen an Steinen und Bäumen, die vergänglich seien, der Limes „schwerlich vergehen oder vertilgt mag werden“, sodass er die eigentliche und immer währende Grenze darstellt. Aber auch das war ein Irrtum. Heute ist leider gerade an dieser Stelle vom Limes gar nichts mehr zu sehen. Territorialgrenze, Gemarkungsgrenze, aber auch Grenze zwischen dem Vorder- und Hintertaunus und seinen Bewohnern ist der Limes bis heute; in manchen Köpfen mehr, in manchen weniger. Also doch eine unvergängliche Grenze?

Ingrid Berg

Carl Blümlein legte in seinen Büchern immer großen Wert auf eine detailgenaue Darstellung von Motiven aus der Saalburg, um seinen Geschichten eine größere Authentizität zu verleihen. Das Bild zeigt die Ankunft des Kaisers Hadrian.

Sagenhafte Saalburg

Bereits im 16. Jahrhundert entstand eine gereimte Beschreibung des Limes. Der Dichter und Humanist Erasmus Alberus, seit 1522 in Oberursel ansässig und hier Gründer einer Lateinschule, nannte in einer 1550 gedruckten Schrift den Limes „Polgrab“ (Pfahlgraben). In ihm sah er einen vorchristlichen, von Heiden ausgehobenen Graben. Warnend setzte er hinzu, dass dieser durch Nichtbeachtung sein Aussehen verliere, und drückte damit aus, zukünftig sollten seine Zeitgenossen für den Erhalt des Pfahlgrabens sorgen. In der 25. Fabel reimte er: „Er wird genannt von Jedermann der Polgrab, und zur linken Hand reicht er bis in das Hessenland, zur rechten Hand bis an den Rhein. Das mag ein langer Polgrab sein.“

Über 200 Jahre vergingen, ehe Limes und Saalburg wieder im Mittelpunkt eines Buches standen. In seiner 1780 erschienenen „Nachricht von den Alterthümern in der Gegend und auf dem Gebürge bey Homburg vor der Höhe“ zitierte der Landgräfliche Beamte Elias Neuhof (1724–1799) den Dichter Daniel Wilhelm Triller und seine „Poetischen Betrachtungen über verschiedene aus der Natur und Sittenlehre gewonnene Materien“: „Man findet noch viel Überschriften, die von den Römern Meldung tun. Auch werden in versteckten Grüften hierum noch manche Römer ruhn. Was hemmt dem Ackersmann die Pferde? Weswegen steht und stockt sein Pflug? Er wundert sich, sticht in die Erde, und findet einen Totenkrug. Den wirft er hin. Als er zerbrochen, ruft eine hohle Stimm im Feld: Verschone meine stillen Knochen, ich bin ein alter Römerheld.“

Nach einigen Jahrzehnten kam wieder Bewegung in diese Thematik. „Taunus-Bilder in Geschichten, Sagen und Liedern aus dem Munde älterer und neuerer Dichter“ nannte Georg Schudt (1830–1890) seine 1858 herausgegebene Sammlung. Hier verarbeitete er auf 200 Seiten Gedankengut, wie es in den Taunusorten verbreitet war, doch nur zwei Gedichte befassen sich mit der Saalburg. In „Der goldene Sarg“ griff Schudt ein Thema historischen Hintergrunds auf, den 1700 erfolgten Fund eines dem Römer Drusus zugeschriebenen Steinsarges. Die Fantasie des Volkes spann den Gedanken weiter, sprach von einem goldenen Sarg, den ein Hirte im Wald nahe der Saalburg gesehen habe.

Ein anderes Thema, das die Menschen der umliegenden Dörfer beschäftigte, war das Verbot, im Bereich der Saalburgmauern Holz zu schlagen, was mit den Bemühungen der Homburger Landgrafen zusammenhing, die Reste des Kastells zu sichern. Wie es einem Bauern erging, der trotzdem dort eindrang und Holz fällte, erzählte Georg Listmann in „Der treue Wächter auf der Saalburg“. Im Schein des Vollmonds erblickte der Mann eine Spukgestalt in der Figur eines bewaffneten römischen Soldaten, dessen drohende Gebärde gegen den Ruhestörer diesen zu Tode erschreckte; der Förster fand später seine Leiche. Das Schicksal des Holzdiebs half wahrscheinlich mehr als alle Verbote, die Umgebung der Saalburg zu schützen.

Es ist erstaunlich, dass sich die Volkssage des Themas Saalburg 130 Jahre lang nicht mehr bemächtigte. Als Helmut Bode 1986 seine „Taunussagen" herausgab, konnte er nur den Inhalt dieser beiden Gedichte anführen, was im Vergleich zum wachsenden Aufsehen, das die Saalburg in diesem Zeitraum erregte, kaum verständlich ist. Vermutlich wurde durch die im Vordergrund stehende Archäologie vor allem der Verstand angesprochen, die Fantasie aber nicht angeregt. Erstaunlich ist auch, dass es kein einziges Volkslied über das Kastell gibt.

Mit dem Wiederaufbau der Saalburg war um 1900 das Signal gegeben, sich mit dem Kastell, den dort lebenden Römern, den Germanen und mit dem Zusammentreffen beider Kulturkreise zu beschäftigen. Besonders erfolgreich war in diesem Genre der Bad Homburger Studiendirektor Carl Blümlein (1863–1945) mit seiner zwischen 1905 und 1909 erschienenen und „für die reifere Jugend und für Erwachsene" bestimmten Trilogie.

Die Liebesgeschichte von Gerwin und Gerlinde

Im „Kampf um die Saalburg" behandelt er die sich im Umfeld Kaiser Hadrians im Jahr 120 abspielende Liebesgeschichte um das germanische Paar Gerwin und Gerlinde, eingebettet in den Überfall der Germanen auf die Saalburg, die Kapersburg und das Feldbergkastell mit deren teilweiser Zerstörung. „Saalburg-Stürme" ist eine Erzählung aus den letzten Tagen der römischen Herrschaft im Taunus und ist ebenfalls von einer Liebesgeschichte durchzogen. Julia, die Tochter des Kommandanten, liebt den Germanen Iso, in dem der Autor Tugenden wie Treue und Tapferkeit mit dem Wissen um römische Kriegskunst vereint.

In die Zeit nach der Räumung der Kastelle im Taunus verlegte Blümlein 1909 sein „Um Rhein und Reich". Die zum Christentum übergetretene Römerin Verena und der blonde Titus Flavius, der früher auf den chattischen Namen Hrodiger hörte, sind die Zentralfiguren dieses thematisch und sprachlich schwächsten der drei Bücher. Aus historischen Gründen spielt die Saalburg keine Rolle mehr, dafür die Ringwallanlagen im Heidetränktal.

Das Bild oben links ist dem Buch „Um Rhein und Reich" entnommen, das ebenfalls von Carl Blümlein verfasst wurde. Es zeigt einen römischen Soldaten an einem Ziehbrunnen, wie es ihn auch auf der Saalburg gegeben hat.

Hedwig von Grolman verfasste 1916 die Erzählung „Im Schatten der Saalburg". Darin faszinieren vor allem die farbigen Bilder von Emil Doepler dem Jüngeren (oben), obwohl sie keinen Bezug zu den handelnden Personen des Buches besitzen.

Auffallend ist das Bestreben Carl Blümleins, die Illustrationen seiner Bücher nicht nur als Unterstützung der beschriebenen Situationen zu betrachten, sondern Abbildungen der Saalburg nach dem aktuellen Stand der Ausgrabungen und die hierbei gefundenen Objekte zu verwenden.

Dieses Vorgehen führt dazu, die Saalburg und deren eigene Geschichte in den Vordergrund zu stellen und den fiktiven Inhalt des Buches als historisch korrekt anzunehmen. Der Autor war darin Meister, denn er konnte seine Bekanntschaft mit Louis Jacobi nutzen, um an gutes Bildmaterial der neuesten Grabungsergebnisse zu kommen und damit seinen Büchern ein hohes Maß an Authentizität zu verleihen. In ihrer Entstehungszeit war der Pädagoge Blümlein mit seinen Büchern und Kurzgeschichten (Die Höhlenbären; Ein Sohn; Dank um Dank; Liebtrud) erfolgreich, da er geschickt Geschichte mit Weiterbildung verband und die Germanen idealisierte.

Carl Blümlein wurde am 15. Januar 1863 in Weilburg geboren. Er war längere Zeit Hilfslehrer an einem Frankfurter Gymnasium und kam 1899 als Oberlehrer an die Höhere Knabenschule in Homburg. Von 1900 bis 1924 leitete er die Kaiserin-Auguste-Viktoria-Schule, die spätere Humboldtschule. Neben zahlreichen Arbeiten zur Geschichte Bad Homburgs wurde er vor allem durch seine Jugendschriften bekannt, die sich mit den Römern und Germanen befassen. Er starb am 11. Mai 1945 in Bad Homburg.

Verglichen mit dem nassauischen Autor Christian Spielmann (1861–1917), Direktor des Stadtarchivs Wiesbaden, schneidet Carl Blümlein gut ab. In Spielmanns Roman „Limes Romanus" vom Jahr 1912 ist die Saalburg Hauptort der Handlung und wird am Ende zerstört. Dem Leser wird viel zugemutet, da der Verfasser unablässig seinen eigenen Bildungsstand einbringt und für Ortschaften, Flüsse und militärische Ränge ohne weitere Erklärung die Namen verwendet, die damals von den Römern benutzt wurden. Die Chatten gebrauchten dafür ihre eigenen Bezeichnungen, was beim Leser zu Verwirrungen führt.

Mitten im Ersten Weltkrieg erschien 1916 die kulturgeschichtliche Erzählung aus der römischen Kaiserzeit „Im Schatten der Saalburg". Die Autorin Hedwig von Grolman gab ihren Vornamen nicht preis, sondern beschränkte sich auf ein „H" – wohl in dem Glauben, die korrekte Behandlung des Themas kriegerischer Auseinandersetzungen der Germanen mit der römischen Besatzung traue man einer Frau nicht zu. Am Ende ist der germanische Angriff auf die Saalburg erfolgreich, das Kastell ist zerstört. Wenn der Herzog der Chatten sein „Heil uns Germanen, denn unser ist die Zukunft" ruft, so kann man dies als Aufmunterung zum Geschehen des Weltkrieges verstehen. Obwohl nicht auf die handelnden Personen des Stückes bezogen, verleihen die farbigen Abbildungen von Professor Emil Doepler dem Jüngeren dem Buch einen eigenen Reiz.

Erst 60 Jahre später nahm sich wieder eine Frau des Themas Saalburg und Limes an. In ihrem Jugendbuch „Titus kommt nicht alle Tage" löst die in Bad Homburg lebende Schriftstellerin Irene Ruttmann das Problem der Verquickung von Römerzeit und Gegenwart durch eine Zeitreise. Sie ermöglicht damit, Schulkinder der Kurstadt mit dem Römerjungen Titus durch gemeinsame Unternehmungen zu verbinden. Ohne Erwähnung des Namens der Stadt und des Kastells erkennt man doch die lokalen Bezüge: die Fahrt mit dem Bus zur Saalburg, das Kastell und selbst das Faschingstreiben in Kirdorf, bei dem Titus durch ein originalgetreues „Kostüm" auffällt. Vier Schulkinder treffen auf den Römerjungen, der auf Grund der falsch dosierten Medizin aus einer Zauberwurzel an einem Tag der Woche in unsere Gegenwart tritt und aus seinem Leben als Sohn eines Gastwirtes berichtet. Seine Geschenke, eine Münze und ein Glas, führen zu ungewollten Begegnungen mit Antiquitätenjägern, doch am Ende löst sich alles auf: Die Geschenke gehen ins Museum, Titus erscheint nie wieder. Auch heute, nach 25 Jahren, behauptet das Buch Irene Ruttmanns, das 14 Auflagen erlebte, seinen vorderen Platz in der Jugendliteratur und ist noch immer ein guter Einstieg in die Geschichte des Römerkastells Saalburg und des Limes. Gerta Walsh

In dem Buch von Carl Blümlein „Kampf um die Saalburg" wird ein Angriff der Germanen auf die Saalburg geschildert, während Kaiser Hadrian hier weilt.
Im Bild links ist die Flucht Hadrians aus der Porta Decumana dargestellt.

Eine Bronzestatue des Kaisers Antoninus Pius begrüßt den heutigen Besucher vor dem Haupttor des Saalburg-Kastells.

Unbeschwert geht es im Hirschgarten zu – einem der großen Besuchermagneten im Taunus.

Limes und Naturschutz

Als die Römer den Limes bauten, hatte sich alles den militärischen Zielen der Grenzsicherung unterzuordnen. Naturschutz – das heißt Schutz der Lebensgrundlagen von Mensch, Tier- und Pflanzengesellschaften – war in diesem Bereich zu dieser Zeit kein zu beachtendes Gut. Erst mit der starken Besiedelung und der Zunahme der Bevölkerung konnte der Begriff Naturschutz Ende des 19. Jahrhunderts Einzug in die Gebiete finden, durch die der Limes verläuft. Gerade im Taunus ist aus militärischen Gründen der Grenzwall in der Nähe der Kammlinie des von West nach Ost verlaufenden Daches des Pultgebirges angelegt. Durch diese topographische Lage ergeben sich für den heutigen Naturschutz interessante Aspekte. Der moderne Naturschutz differenziert zwischen dem Artenschutz und dem Biotopschutz. Beim Artenschutz steht die jeweilige seltene und geschützte Tier- und Pflanzenart im Mittelpunkt, und der Naturschutz versucht, durch eine spezielle Unterstützung die Population dieser Art zu erhalten. Beim Biotopschutz wird der gesamte Lebensraum mit der Verflechtung von Boden, Klima, Pflanzen und Tieren geschützt.

Für den Bereich des Limes ist besonders der Biotopschutz von Bedeutung, da in den Taunus-Höhenlagen ein besonderes Klima mit tieferen Temperaturen und höheren Niederschlägen herrscht. Hinzu kommt noch eine geringe Nährstoffversorgung durch fehlenden Mutterboden.

Aus Rodungen der Römer wurden Biotope.

In der Hauptsache haben wir in diesem Bereich am Limes drei Biotoptypen, die mit dem Limes in Wechselbeziehung stehen: Hochlagen mit Felsklippen und Steinschütten, Quellhorizonte mit permanenten Wasserausschüttungen und Freiflächen mit montanen Bergwiesen, die zum Teil von Vernässungsflächen durchzogen werden. In den Hochlagen mit Felsklippen und Steinschütten gibt es extreme Lebensräume, die durch die Aufforstungswelle mit Nadelhölzern in früheren Jahren gestört wurden. In den noch vorhandenen kleinräumigen Biotopen leben Pflanzen und Tiere, die keine Ausweichmöglichkeiten bei Störungen besitzen.

Zum Schutz der gefährdeten Biotope setzt der Naturpark Hochtaunus auf eine gezielte Besucherlenkung mit Hilfe gut beschilderter Wanderwege (oben).

Großer Wert wird daher auch auf die Erhaltung der Biotope gelegt (links).

Je höher und damit näher die Quellen und Vernässungsflächen an der Kammlinie liegen, desto interessanter ist die Ausformung der Lebensgemeinschaften in diesen für Deutschland seltenen Biotopen. Der Große Feldberg mit seinen 878 Metern ist die höchste Erhebung, an der der Limes in Sichtweite vorbeiführt. Die Quellen der nach Norden abfließenden Bäche und ihrer kleineren Zuflüsse entspringen zum Teil auf Höhenlagen im Limesbereich. Sind in den unter den zuvor genannten Biotopen die Höhenlage und das anstehende Gestein in Verbindung mit dem Klima ausschlaggebend, kommt hier noch der Faktor Feuchtigkeit, also Wasser, hinzu. Die Artenvielfalt wird dadurch größer und, bedingt durch die Kleinheit der Flächen, gefährdeter. Auf den Taunussätteln, besonders im östlichen Teil, haben sich Feuchtzonen gebildet, die sich heute noch durch die Leitbaum-Holzart Erle auszeichnen. Auch diese Biotope sind selten und bieten besonderen Tier- und Pflanzengesellschaften eine Heimstätte.

Der dritte Biotoptyp, montanartige Bergwiesen und Freiflächen, hat seinen Ursprung mitunter bereits in der Römerzeit. Ihrem militärischen Auftrag entsprechend rodeten die Römer Waldflächen und schufen damit die Voraussetzungen dafür, dass sich lichtliebende Freiflächenpflanzen dort ansiedeln konnten. Im Zuge der weiteren Landinanspruchnahme durch die wachsende Bevölkerung wurden diese Flächen vergrößert, und wir haben im Bereich des Limes und besonders an Grenzen zum Limes wertvolle, mit einer hohen Artenvielfalt ausgestattete Borstgras- und Montanwiesengesellschaften. Diese Lebensräume sind in unseren Bereichen so selten, dass sie schon sehr früh als naturschutzwürdige Flächen erkannt wurden. Sie sind heute als Naturschutzgebiete ausgewiesen. Die Kleinräumigkeit und die damit verbundene Gefährdung der Lebensgesellschaften erfordern einen sensiblen Umgang mit naturschutzrelevanten Daten. Eine Darstellung der schützenswerten und zu schützenden Tiere und Pflanzen ist daher nicht wünschenswert.

Bei einem Besucherdruck von über 20 Millionen Menschen jährlich nur im Naturpark Hochtaunus ist das Gefährdungspotenzial durch leichtsinnige oder gar vorsätzliche Schädigung extrem hoch. Als Beispiel der Gefährdung durch den Menschen sei hier nur der Stinktierkohl (Lysichiton americanus) genannt. Diese bei uns in Europa nicht heimische Pflanze (Neophyt) wurde durch einen „Naturliebhaber“ in verschiedene Quellhorizonte auch am Limes eingebracht und droht, durch Überwuchern die wertvolle Pflanzengesellschaft aus Torfmoosen und Sumpfveilchen zu zerstören.

Wie gefährdet manche Lebensräume sind, zeigt das Beispiel des aus Amerika stammenden Stinktierkohls, der die einheimische Vegetation überwuchert. Man bemüht sich inzwischen, durch gezielte „Säuberungsaktionen" diese Pflanze zurückzudrängen.

Zauberwort Besucherlenkung

Betrachtet man den Limes unter dem Gesichtspunkt der Attraktivität für Besucher, sind auch Auswirkungen des entstehenden Besucherdrucks zu beachten. Hier hat der Naturschutz, der durch die Naturparke repräsentiert wird, die Aufgabe der Besucherlenkung. Wir alle kennen das Märchen von Hänsel und Gretel mit dem dazugehörenden Lied: Hänsel und Gretel verirrten sich im Wald, weil sie beim Spaziergang keine dauerhaften und stabilen Wegemarkierungen in Form von Kieselsteinen nahmen, sondern auf Brotkrumen, die keinen Bestand als Wegweiser hatten, ausweichen mussten. Damit es unseren Besuchern heute nicht so geht, werden vom Taunusklub und dem Naturpark stabile und haltbare Markierungen angebracht.

Der Limesweg mit dem stilisierten Römerturm ist seit der ersten Ausweisung vor fast 100 Jahren eine positive Maßnahme im Sinne des Naturschutzes gewesen. Das Waldgebiet, das der Limes durchschneidet, ist nur durch wenige Straßen erschlossen und somit auch ein idealer Lebensraum für Wildtierarten. Hirsch, Wildschwein, Reh und Fuchs haben in den zusammenhängenden Waldgebieten auch ein Recht auf ein ruhiges Plätzchen. Diese Wildruhezonen, welche nicht extra ausgewiesen werden, sondern zwischen Taunusklub, Naturparken, Waldbesitzern und Forstämtern lose abgestimmt sind, haben auch wichtige Naturschutzfunktionen als Kinderstube der verschiedenen Tierarten. Die Wanderwege um den Limes, und insbesondere der Limes-Erlebnispfad, sind vor der Ausweisung auf ihre Auswirkungen auf die Natur überprüft worden. Die beste Besucherlenkung ist jedoch ein naturgerechter, guter Wegeausbau mit der entsprechenden Beschilderung. Ein sicher geführter Besucher wird den Weg nicht verlassen und in schützenswerte Lebensräume eindringen. Die Störung und Zerstörung von Lebensräumen wird durch eine funktionierende Besucherlenkung verhindert. Der Besucher und die Natur sind die Gewinner einer solchen Maßnahme. Der Limes kann im Bereich des Taunus somit ein wertvoller Mosaikstein zum Schutz der Natur sein.

Hans-Walter Herpel

Tourismus hilft bewahren

In Deutschland existieren über 150 touristische Routen, ein Großteil davon ist in den letzten 30 Jahren entstanden, so auch die Deutsche Limes-Straße. Touristische Routen sind zu einem bedeutenden Marketinginstrument in Deutschland geworden. Noch wichtiger ist dabei jedoch die Tatsache, dass sie für den Reisenden wertvolle Informationen über die

Durch Beschilderungen oder Einrichtung von Lehrpfaden (oben) werden die Besucher auf Sehenswürdigkeiten hingewiesen und zu Besuchen animiert. Dabei werden mit Hilfe des Limes-Radweges auch Radfahrer angesprochen. Die Informationstafeln sollen dem Besucher die Bedeutung der Natur und des historischen Erbes nahe bringen und somit beitragen, diese Güter vor der Zerstörung zu bewahren. Ein Beispiel für dieses Prinzip ist der Limeserlebnispfad.

Historie, über die betroffene Region – so auch den Hochtaunus – und über lohnenswerte Ziele liefern. Wer solche Informationen richtig umsetzt, macht aus jeder touristischen Reise ein Erlebnis, und nicht nur mancher Geschäftsmann oder Transfer-Tourist wird für kurze Zeit seine Reise unterbrechen, um Kraft für neue Taten zu sammeln oder eine Pause einzulegen, um Sehenswürdigkeiten aufzusuchen.

Der Hochtaunus kann gleich mit zwei attraktiven touristischen Routen aufwarten. Zum einen mit der „Hochtaunusstraße" als Verbindung zwischen den Autobahnen A 3 und A 5. Zum anderen mit der Deutschen Limes-Straße, die den Hochtaunus von Glashütten bis Wehrheim kreuzt und mit interessanten Stationen aufwartet. Da ist das von Glasbläserfamilien gegründete Glashütten mit seinen umfangreichen archäologischen Grabungen. Am Schloßborner Feld sind Wall und Graben des Limes gut erkennbar. Zwischen Kleinem und Großem Feldberg liegt in einer Mulde, dicht an der Weilquelle, die deutlich ausgeschilderte Kastellruine, die außergewöhnlich gut erhalten ist. Zwischen Feldbergkastell und Saalburg sind sehr gut erkennbare Reste von ehemaligen Bauwerken zu besichtigen, so zum Beispiel an der Straße Oberursel – Schmitten das Kleinkastell „Altes Jagdhaus" mit seiner zerfallenen, aber gut zu sehenden steinernen Umwehrung. Die ehemalige Ummauerung des nahen Kleinkastells „Heidenstock" ist ebenfalls erkennbar.

Der touristische Höhepunkt an der Deutschen Limes-Straße im Hochtaunus ist zweifellos die Saalburg. Dieser Kastellplatz ist besonders gut durch die jahrzehntelangen Ausgrabungen von Louis und Heinrich Jacobi bekannt. Kaiser Wilhelm II. veranlasste 1897 den Wiederaufbau, eine einzigartige Maßnahme bei römischen Militäranlagen. Die Räumlichkeiten innerhalb des Archäologischen Parks Saalburg dienen heute als Forschungsinstitut und Museum für Ausgrabungsfunde. Die Saalburg lockt jährlich viele Tausend Besucher an. Diese Zahl erhöht sich nochmals durch die attraktiven, themenbezogenen Veranstaltungen. Bevor die Limes-Straße den Hochtaunus verlässt, führt sie noch durch Wehrheim. Hier sind die Reste des Kastells Kapersburg sowie Teile des römischen Grenzwalles zu besichtigen.

Die deutliche Zunahme des Radtourismus in den vergangenen Jahren ließ die Idee eines durchgehenden Limesradweges aufkommen. Im Jahr 2002 schloss der Verein „Deutsche Limes-Straße" dessen Beschilderung ab. Mittlerweile sind auch entsprechende Radwanderführer erschienen. Als Kombination aus Wanderweg und Radwanderweg versteht sich der Limeserlebnispfad Hochtaunus, ein bundesweit wegweisendes Projekt, das gemeinsam von Saalburgmuseum und Naturpark Hochtaunus konzipiert und umgesetzt wird. Die einmalige Lage

Tourismus-Routen, wie etwa die Deutsche Limes-Straße, sind mittlerweile ein Marketinginstrument, um Besucher anzulocken.

des Limes im Naturpark und sein vorzüglicher Erhaltungszustand im Wald sollen genutzt werden, die antike Grenzlinie stärker im Bewusstsein der Bevölkerung zu verankern.

An insgesamt 17 Stationen erhält der Besucher Informationen zur Geschichte und Bedeutung des Limes und über seine Erbauer, die Römer, in ihrem historischen und gesellschaftlichen Kontext. Wegen der internationalen Bedeutung des Limes sind die Texte dreisprachig (deutsch/englisch/französisch) abgefasst. Überdies erhalten die einzelnen Objekte im Taunus erläuternde Tafeln, die dem Besucher das Sichtbare, aber vor allem auch das einstige Aussehen näher bringen sollen. Der Limeserlebnispfad soll auf allgemein verständliche Weise Wanderer und Radfahrer informieren, die im Taunus Erholung suchen. Dabei sind sowohl diejenigen Besucher angesprochen, die den Limes gezielt erwandern wollen, als auch diejenigen, die im Taunus zunächst die Erholung in beeindruckender Natur suchen und mehr oder weniger zufällig auf den Limes stoßen. Gerade diesen Besuchern soll nahe gebracht werden, auf welch bedeutendem Grund und Boden sie sich bewegen. Das Wissen um Bedeutung und Verlauf des Limes bedeutet für ihn den besten Schutz!

Der Limeserlebnispfad soll belebt, in das alltägliche Leben und Erleben einbezogen und ein Fixpunkt im Veranstaltungskalender des Rhein-Main-Gebietes werden. Sowohl pädagogische als auch Unterhaltungsprogramme werden angeboten. Denkbar ist dabei vieles: Führungen, Vorträge, Römertage, Theatervorführungen, Konzerte, Sportveranstaltungen und mehr. Gerade auch mutige, zeitgemäße Konzepte sollen umgesetzt werden, wie etwa Inszenierungen der bildnerischen Kunst. Durch Aktivitäten in den angrenzenden Gemeinden kann eine Vernetzung erzielt werden, von der Hotellerie, Gastronomie und der Fremdenverkehr im Allgemeinen profitieren können. Damit wird unser kulturelles Erbe auch zu einem Wirtschaftsfaktor. Die Einrichtung des Limeserlebnispfades ist kein abgeschlossenes Unternehmen, sondern ein Projekt in Bewegung.

Nachdem die Informationsstationen eingerichtet sind, soll in den nächsten Jahren das geschärfte Bewusstsein dazu genutzt werden, das römische Erbe zu sichern und besser zu präsentieren. Der Bestand soll durch konservatorische Maßnahmen aufgewertet werden. Die durch ältere Ausgrabungen zerwühlten Turmstellen werden verfüllt und aufgeschüttet. An ausgewählten Standorten könnten Teilrekonstruktionen erfolgen. Gezielte Ausgrabungen, die in konservatorische Maßnahmen einmünden, und Forschungen sollen unser Wissen um die römische Kultur bereichern. Ein Wissen, das wieder an die Bevölkerung weitergegeben werden kann. Nachdem die Konzeptionsphase abgeschlossen ist, sind erste Maßnahmen an Ort und Stelle bereits angelaufen. Die Ausschilderung erster Abschnitte schließlich wurde 2004 vorgenommen. Limesstraße, Limesradweg und Limeserlebnispfad haben eine touristische Bedeutung und werden in Zukunft bei Werbung und Marketing des Taunus Touristik Service eine Rolle spielen.

Rainer Kowald und Thomas Richter

Limeswanderweg bei Glashütten

„Geschichte zum Anfassen“ ist das Anliegen des Saalburgmuseums. Und so demonstrieren „Legionäre“ den Besuchern an Aktionstagen die Bedienung eines Pfeilgeschützes.

Antike begreifbar machen

Jährlich wird die Saalburg von zahlreichen Schulklassen im Rahmen ihres Geschichtsunterrichts besucht, oder es finden Eltern mit ihren Kindern den Weg in das Römerkastell. Viele Erwachsene entdecken dabei so manche Erinnerung an ihre eigene Schulzeit wieder. Das Interesse an der römischen Antike und der eigenen Vergangenheit ist stärker denn je. Kaum eine Woche vergeht ohne Fernsehreportagen über Ausgrabungen und Funde aus dieser Epoche. Es verwundert kaum, dass die einst so medienscheue Fachwissenschaft der Archäologie den deutlichen Trend wahrgenommen hat. So zeigt sie sich verstärkt in der Öffentlichkeit und findet den Weg in die Medien bei vielfältigen Gelegenheiten.

Als 1997 das Saalburgmuseum sein 100-jähriges Bestehen feierte, wurde dies mit einem Paukenschlag durch die neue Museumsleitung begangen. Ein großes Römerfest zog nahezu 40 000 Besucher an. Mehr, als jeder Optimist erwarten konnte – und das Verkehrsnetz vertrug. Die neue Ausstellung wurde präsentiert, und in den folgenden Jahren fanden nahezu 100 Veranstaltungen statt, darunter Sonderausstellungen, kleine Museumsfeste, Kinderprojekte, Kinonächte und wissenschaftliche Tagungen. Antike „begreifbar“ zu machen und Lernen historisch korrekt ohne Disney-Charakter zum Abenteuer werden zu lassen – das ist Ziel des Museums. Durch ein neu installiertes Veranstaltungssegment, das den so genannten Event-Bereich mit einem nie oberflächlich gehaltenen Rahmenprogramm abdeckt. So genannte Dinner-Speeches – man möge den Autoren die Anglizismen verzeihen – präsentieren Alte Geschichte und Archäologie zum Thema „Rom“ aktuell, spannend und kurzweilig. Die Stärke der Saalburg ist ihre Angebotsbreite. Innerhalb weniger Jahre wurde ein Mitarbeiterstab im museumspädagogischen Bereich geschult und ausgebildet, der rund 40 000 Menschen jährlich persönlich betreut. Als Beispiele seien hier nur die jährlichen Brotbacktage der Saalburg und die zahlreichen Kinderprogramme genannt, die regen Zuspruch finden. So erkennen die Vorschulkinder in der Lumpenpuppe „Claudius“ (natürlich nach einem Original gestaltet) einen Freund, der sie in das antike Leben entführt. Ihre älteren Geschwister werden altersgerecht bei Geburtstagen an die Lebensumstände der Antike herangeführt – vom etwa neun Kilo schweren Kettenhemd bis hin zum verantwortlichen Gebrauch von Speer sowie Pfeil und Bogen.

Lehrer können mit den Museumsmitarbeitern „Wunschpunkte“ in der Führung absprechen. Neben den Vortragsreihen im Sommer können sich Erwachsene nach Torschluss über die „arcana imperii“, die kaiserliche Politik, oder die eigentümliche Eleganz römischer Kleidung bei einem Gläschen mulsum (Gewürzwein) informieren. Für Klassen, die keine Führung mehr buchen konnten, steht ein Museumskoffer zur

Verfügung, der in Zusammenarbeit mit vielen Lehrern entstand. Darin finden sich Repliken ebenso wie Originalfunde in hoher Qualität.
Seit dem 1. Januar 2002 ist die Saalburg innerhalb des Landesamtes für Denkmalpflege Hessen angesiedelt. Der Direktor des Hauses, Professor Egon Schallmayer, ist der Landesarchäologe von Hessen und betreut die Saalburg seit zehn Jahren. Durch diese neu geschaffene Doppelfunktion ergeben sich für den Archäologischen Park Saalburg völlig neue Möglichkeiten und Perspektiven. Allein die Bewerbung Hessens zusammen mit den Ländern Baden-Württemberg, Bayern und Rheinland-Pfalz um die Ernennung des Limes zum UNESCO-Weltkulturerbe erweckte große Hoffnungen und Motivation bei den Beteiligten. Zahlreiche Limeswanderungen, die das Haus in den vergangenen Jahren veranstaltet hat, zeigten die Möglichkeiten auf, und das Publikum nahm sie dankend an. Dennoch steht ein großes Potenzial von Möglichkeiten noch offen. Die Erstellung des Limes-Wanderweges und die Grabungen an der Kapersburg nehmen bereits Bezug auf die kommenden großen Herausforderungen, die im Bereich des Nahtourismus, des Kulturmanagements und der Wissensvermittlung für eine breite Besucherschicht zu finden sind.

Von kaiserlicher Politik und römischer Eleganz – Informationen bei einem Gläschen „mulsum“.

Die Museumspädagogik und Besucherbetreuung ist einer der wichtigsten Arbeitsbereiche des Hauses, da hier der Kontakt mit vielen Besuchern möglich ist. Verständlich, dass durch die positive Kritik aus allen Besucherschichten in der Öffentlichkeit gerade dieser Sektor stark expandierte und auf räumliche und personelle Grenzen stieß. Die neu geschaffenen Arbeits- und Lagerräume, die bislang schmerzlich vermisst wurden, eröffnen jetzt neue Möglichkeiten. Bislang stets erfragte, aber von den verantwortlichen Mitarbeitern nur projektierte Lehrerfortbildungen, Workshops oder mehrtägige Schülerprogramme können in die Realität umgesetzt werden – zum Wohle der Ausbildung und Bildung unserer Besucher, die eine Altersgruppe „zwischen 6 und 96“ Lebensjahren umfasst. Die Installation eines Restaurants – die so genannte „Taberna“ – brachte dem Museum endlich die Möglichkeit, seinen Gästen innerhalb der Mauern eine Gastronomie anzubieten und geschlossene Abendveranstaltungen – Geburtstage, Hochzeiten, Firmenfeiern – durchzuführen. Auch hier tritt der Aspekt „Bildung und Erholung“ deutlich zu Tage. Und das unter dem letzten deutschen Kaiser Wilhelm II. zwischen 1897 und 1907 ausgegrabene und teilrekonstruierte Römerkastell und Museum geht weiter diesen Weg. Mehr noch: Die ehrgeizigen Pläne der Erweiterungsbauten knüpfen am kaiserlichen Vorhaben eines Archäologischen Parks an, der auch die Ruinen der zivilen Siedlung mit Thermen und Tempeln berücksichtigte.
Die Schar derer, die mit Ungeduld auf das jeweils kommende Jahresprogramm warten, wächst. Viele kommen immer wieder, da ihnen stets neue Höhepunkte geboten werden. So ist es nicht verwunderlich, dass ein Pilotprogramm, das zusammen mit der Lateinfachschaft eines altsprachlichen Königsteiner Gymnasiums entstand und das antike Mainz unter dem Motto „Rom, Integration und Innovation“ mit der Saalburg in Verbindung setzte, ein reges Interesse bei Lehrern hervorrief. Die Marke „Saalburg“ scheint gut eingeführt. Mario Becker und Gerd Herrmann

Auch die Erläuterung der römischen Kleidung ist Bestandteil des museumspädagogischen Konzepts der Saalburg. Und so können Besucher ausprobieren, welches Gefühl es ist, eine Toga zu tragen (oben).

In Reih und Glied zu stehen ist keine Erfindung der Moderne. Schon die alten Römer übten das Exerzieren. Wie das damals aussah, zeigen die „Soldaten“ den interessierten Zuschauern (links).

Dr. Frank Ausbüttel wurde 1955 in Braunschweig geboren. Er studierte Geschichte, Latinistik und Pädagogik in Marburg und in Cambridge. 1982 promovierte er im Fach Alte Geschichte. Der Schulleiter der Helene-Lange-Schule in Höchst ist außerdem noch Lehrbeauftragter für Alte Geschichte an den Universitäten in Marburg und Frankfurt.

Karl Baeumerth wurde 1944 in Langen in Hessen geboren. Seit 1979 ist er wissenschaftlicher Mitarbeiter für den Bereich Volkskunde im Freilichtmuseum Hessenpark bei Neu-Anspach. Er ist Verfasser zahlreicher Publikationen zur Sachvolkskunde Hessens. Karl Baeumerth ist Mitglied im Internationalen Arbeitskreis für Keramikforschung und Vorstandsmitglied in der Hessischen Vereinigung für Volkskunde.

Mario Becker studierte in Frankfurt Archäologie der römischen Provinzen. Seit 1992 ist er vor allem im Bereich der Museumspädagogik des Saalburgmuseums tätig. Seit 1996 hat er einen Lehrauftrag an der Universität des 3. Lebensalters in Frankfurt inne.

Stephan Bender ist Mitarbeiter in der Abteilung Archäologie und Paläontologie des Landesamtes für Denkmalpflege Hessen. Er ist zuständig für den hessischen Limesabschnitt beim Projekt Weltkulturerbe Limes. Er studierte Geschichte und Kultur der römischen Provinzen, Klassische Archäologie und Alte Geschichte in Frankfurt und Freiburg.

Ingrid Berg lebt seit 1971 in Glashütten und ist seit 1988 Vorsitzende des Kulturkreises Glashütten, der sich neben der Organisation unterschiedlicher kultureller Angebote um Heimatforschung und speziell die Glashütten-Geschichte im Taunus bemüht. Ingrid Berg hat mehrere Publikationen zu diesem Thema herausgegeben, außerdem drei archäologische Untersuchungen durchgeführt, ein internationales Symposium ausgerichtet und an den Auswertungen der Forschungsergebnisse mitgearbeitet. Daneben engagiert sie sich unter anderem ehrenamtlich im Förderverein Saalburg, im Förderverein Kreisarchiv sowie in der Arbeitsgemeinschaft der Geschichts- und Heimatvereine.

Dr. Leonardo Dude studierte Zahnmedizin an der Charité in Berlin. Auf Grund seiner Promotion hielt er im In- und Ausland zahlreiche Vorträge zum Thema „Zahnheilkunde im römischen Kaiserreich". Seit 2000 hat er eine eigene Zahnarzt-Praxis in Bad Homburg.

Dr. Peter Fasold wurde 1951 geboren und studierte Provinzialrömische Archäologie, Vor- und Frühgeschichte und Alte Geschichte in München. Er ist stellvertretender Direktor des Archäologischen Museums Frankfurt und dort seit 1988 Leiter der römischen Abteilung. Fasolds Forschungsschwerpunkt ist der römische Grabbrauch, zu dem er zahlreiche Publikationen verfasst hat. Außerdem gibt es von ihm diverse Veröffentlichungen zu Nida, dem römischen Frankfurt-Heddernheim.

Dr. Britta Hallmann-Preuß ist in Leverkusen geboren. Ihr Studium absolvierte sie an der Universität Köln in den Fächern Klassische Archäologie, Archäologie der römischen Provinzen sowie Ur- und Frühgeschichte. Nach ihrem Magister-Abschluss promovierte sie 2002 zum Thema „Die Villa rustica Hambach 59". Seit Februar 2002 ist sie in den Bereichen Museumspädagogik und Öffentlichkeitsarbeit für das Saalburgmuseum tätig.

Gerd Herrmann wurde 1961 geboren. Er absolvierte ein Studium für das Lehramt in den Fächern Geschichte und Latein an der Johann Wolfgang Goethe-Universität in Frankfurt am Main. Seit 2000 ist er als Museumspädagoge im Archäologischen Park Saalburg beschäftigt. Dort ist er Ansprechpartner für Schulen und Mitorganisator der Lehrerfortbildungen, die regelmäßig stattfinden.

Hans-Walter Herpel wurde von 1963 bis 1969 zum Förster im hessischen Staatsdienst ausgebildet Anschließend ging er zum Hessischen Forstamt nach Usingen, wo er die Betreuung des Naturparks Hochtaunus übernahm. 1975 und 1976 absolvierte er ein Zusatzstudium „Ökologische Umweltsicherung". Seit 1976 ist er Geschäftsführer des Naturparks Hochtaunus.

Dr. Günter Heupke wurde 1929 geboren, war bis 1980 als Mediziner in Frankfurt und Bad Homburg tätig. Seit 1992 beschäftigt er sich mit heimatkundlichen Themen und hierbei besonders mit historischen Straßen und Wegen. Heupke ist einer der Sprecher der Arbeitsgemeinschaft der Geschichts- und Heimatvereine im Hochtaunuskreis. Außerdem ist er im Heimatverein Pfaffenwiesbach aktiv.

Dr. Ingeborg Huld-Zetsche, geboren 1934 in Berlin, ist Archäologin der Römerzeit. Von 1972 bis 1999 war sie Kustodin für diese Abteilung im Archäologischen Museum in Frankfurt. Ihre Forschungsschwerpunkte betreffen unter anderem die Lampenproduktion in der Legionsziegelei Frankfurt-Nied und den Mithraskult. Zurzeit bereitet sie eine Publikation der mithrischen Funde aus Mainz vor.

Ulrich Hummel unterrichtete von 1974 bis 2004 an der Humboldtschule in Bad Homburg. Dort leitet er jetzt noch eine AG Heimatgeschichte. Seit 1973 betreut er Schülergruppen für den Geschichtswettbewerb des Bundespräsidenten. 1992 wurde er mit dem Saalburgpreis ausgezeichnet. Hummel gehört zum Autorenteam des 5. Bandes der Homburger Stadtgeschichte.

Siegbert Huther wohnt in Rödermark, wo er auch ein Architekturbüro unterhält. 1986 und 1987 war er wissenschaftlicher Mitarbeiter des Landesamtes für Denkmalpflege Baden-Württemberg, seit 1999 ist er Mitglied des Denkmalbeirates des Kreises Offenbach. Daneben widmet er sich immer wieder Themen der römischen Architektur. Seine Forschungsschwerpunkte liegen auf den Untersuchungen römischer Holzbauten in den Nordprovinzen des Römischen Reiches.

Angela Kreuz leitete von1990 bis 2002 die von ihr aufgebaute Archäobotanische Abteilung des Instituts der Kommission für Archäologische Landesforschung in Hessen. Seit 2003 ist sie für das Sachgebiet Naturwissenschaften der Archäologischen Denkmalpflege Hessen zuständig. Neben Lehraufträgen an verschiedenen Universitäten liegt ihr Themenschwerpunkt auf archäobotanischen Untersuchungen zur Vegetationsgeschichte, Landwirtschafts- und Landschaftsentwicklung.

Dr. Johanna Koppenhöfer studierte Geschichte, Germanistik und Romanistik. Zehn Jahre, von 1990 bis 2000, war sie Stadtarchivarin von Friedrichsdorf. Seit 1978 ist die Wehrheimerin im Geschichts- und Heimatverein ihrer Gemeinde im Vorstand aktiv und gibt die Schriftenreihe „Aus der Wehrheimer Geschichte" heraus. 1996 wurde sie mit dem Saalburgpreis ausgezeichnet.

Rainer Kowald ist seit 2001 Fachbereichsleiter Tourismus im Hochtaunuskreis sowie Geschäftsführer des Taunus Touristik Service und des Hessischen Heilbäderverbandes. Der Königsteiner arbeitet zurzeit an der Umsetzung des Projekts „Destination Taunus". Rainer Kowald ist Initiator des „Heilklima-Parks Hochtaunus". Er bekleidet zahlreiche Ehrenämter in den Bereichen Kur, Tourismus und Kultur.

Eckhard Laufer ist von Beruf Polizeibeamter bei der Ermittlungsgruppe der Polizeistation Usingen. Er ist Mitarbeiter der AG „Raubgrabungen" des Hessischen Landeskriminalamtes. Eckhard Laufer wohnt seit 1992 im Usinger Land, 1994 übernahm er das Amt des ehrenamtlichen Bodendenkmalpflegers im Hochtaunuskreis. In der ehrenamtlichen Kreisarchäologie ist er Gebietsreferent für das Usinger Land. 1994 wurde er für sein Engagement mit dem Saalburgpreis des Hochtaunuskreises ausgezeichnet.

Elke Löhnig wurde 1967 in Selb geboren. Sie studierte von 1987 an Provinzialrömische Archäologie, Alte Geschichte sowie Vor- und Frühgeschichte in Freiburg im Breisgau. Ihr Studium schloss sie 1994 mit ihrer Magisterarbeit ab. Seit 1995 ist sie am Saalburgmuseum als wissenschaftliche Mitarbeiterin beschäftigt.

Andreas Mengel ist seit 1997 Mitarbeiter des Stadtarchivs Bad Homburg. Der Historiker hat bereits mehrere Publikationen zur Lokalgeschichte veröffentlicht, darunter auch zusammen mit Reinhard Michel eine spezielle Untersuchung des Namens Taunus. Weitere Forschungsschwerpunkte sind die Themen Ritterschaft und Reichsritterschaft sowie die Flurnamen- und Kartenforschung. Er ist Gründungsmitglied des Geschichts- und Kulturkreises Oberstedten.

Marion Nickel wurde 1978 in Frankfurt geboren. Nach ihrem Abitur an der Christian-Wirth-Schule in Usingen begann sie 1998 mit dem Studium der Vor- und Frühgeschichte an der Johannes-Gutenberg-Universität in Mainz. Seit dem gleichen Jahr ist sie auch im Saalburgmuseum beschäftigt, wo sie Führungen anbietet und Veranstaltungen organisiert. In ihrer Magisterarbeit beschäftigt sie sich mit römischen Ausrüstungsteilen die im Kastell Zugmantel/Taunus gefunden wurden.

Dr. Vera Rupp studierte in Frankfurt am Main an der Johann-Wolfgang-Goethe-Universität und in Freiburg die Fächer Römische Archäologie, Alte Geschichte sowie Vor- und Frühgeschichte. Von 1988 bis 2002 war sie Kreisarchäologin des Wetteraukreises. Jetzt arbeitet sie als stellvertretende Landesarchäologin beim Landesamt für Denkmalpflege Hessen. Ihr Spezialgebiet ist die römische Siedlungsarchäologie.

Dr. Thomas Richter ist seit August 2003 im Saalburgmuseum angestellt. Davor absolvierte er dort ein zweijähriges Volontariat. Ein Studium der Klassischen und Provinzialrömischen Archäologie hatte er im Jahre 2001 in Frankfurt mit der Promotion beendet. Er ist am Saalburgmuseum für die Einrichtung des Limesweg-Erlebnispfades Hochtaunus und für die Neukonzeption der Dauerausstellung zuständig.

Prof. Dr. Egon Schallmayer leitet seit dem 1. Februar 1995 die Geschicke des Saalburgmuseums. Im November 2001 wurde er zum Landesarchäologen für Hessen berufen. Der Honorarprofessor für Römische Archäologie in Köln ist Mitglied der Deutschen Limeskommission und hat zahlreiche Beiträge über den Limes sowie Ausgrabungen besonders in Baden-Württemberg und Hessen veröffentlicht.

Dr. Wolfgang Schmidt wurde im Jahr 1956 geboren. Er studierte Provinzialrömische Archäologie, Klassische Archäologie und Evangelische Theologie an der Johann Wolfgang Goethe-Universität in Frankfurt am Main. Von 1999 bis 2004 war er auf der Saalburg tätig. Zu seinen Aufgaben gehörten dort die Betreuung und Erfassung des umfangreichen Inventarbestandes und die Leitung des Archivs des Saalburgmuseums.

Alexander Wächtershäuser betreute mehrere Jahre die Flur- und Kartenabteilung des Kreisarchivs des Hochtaunuskreises. Er ist Sprecher der Kontaktgruppe Flurnamen der AG der Geschichtsvereine. Der Mitarbeiter der Taunus Zeitung hat mehrere Veröffentlichungen zur Heimatgeschichte verfasst und ist Mitherausgeber des Buches „Das Jahrhundert im Taunus".

Gerta Walsh lebt seit Mitte der 60er Jahre in Bad Homburg und forscht seitdem unermüdlich an der Stadthistorie. Ihr journalistisches Handwerk erlernte sie als Reporterin für die Wochenschau „Welt im Film". Sie hat inzwischen zahlreiche Publikationen zur Stadtgeschichte vorgelegt. Zurzeit arbeitet sie als Ko-Autorin am 5. Band der Stadtgeschichte.

Die Schüler **Ann-Kristin Hofmann, Sarah Obermayer, Christina Ulrich, Stefanie Heinig, Felix Diel, Saskia Silbermann** sowie der Lehrer **Ulrich Hummel** begaben sich auf die Spuren des Elias Neuhof und suchten nach der Schutzmauer für das Kastelldorf (lat.: vicus) vor der Saalburg. Ulrich Hummel ist mittlerweile im Ruhestand.

Abbildungsnachweise:

Angabe der Seiten/Position des Bildes von links nach rechts

Archäologisches Museum Frankfurt: 12/1; 13/1; 14/1; 45/1; 52/1; 61/1; • Baeumerth: 80/1; 81/1; 81/2; 82/2 • Hartmann: 56/1; • Hessisches Hauptstaatsarchiv Wiesbaden: 100/1 • Hessisches Landesamt für Denkmalpflege: 57/1; 58/1/; 58/2; 62/2 • Förtig: 73/1 • Huther: 84/1; 84/2 • Kittel: 6/1;11/1; 18/1; 22/2; 24/1; 27/1; 29/2; 55/1; 59/1; 86/1; 90/1; 98/1; 119/1; 122/1 • Koppenhöfer: 20/1; • Kreisarchiv des Hochtaunuskreises: 16/1; 16/2; 17/1; 37/1 • Kreuz: 72/1/72/2; 72/3; 72/4 • Lampert/FNP-Layout: 83/1 • Lechthaler: 15/1; • Limesmuseum, Ulrich Sauerborn, Aalen: 85/1 • Müller: 109/1/ 110/1; 111/1 • Preuß: 93/1; 97/1 • Priedemuth: 60/1; 88/1; 101/1; 117/1; 118/1; 120/1; 120/2; 121/1; 121/2 • Reichwein: 14/2; 31/1; 76/1; 89/2; 89/3; 92/2; 116/1; 117/2 • Rheinisches Landesmuseum Trier: 96/1 • Rhode: 74/1; 74/2 • Rupp: 73/1 • Saalburgmuseum: 5/1; 8/1; 8/2; 8/3; 8/4; 26/1; 26/2; 26/3; 28/1; 29/1; 30/1; 30/2; 31/2; 32/1; 32/2; 33/1; 33/2; 34/1; 35/1; 36/1; 39/2; 41/1; 42/1; 42/2; 43/1; 47/2; 48/1; 51/1; 53/1; 54/1; 66/1; 67/1; 68/1; 71/1; 71/2; 77/1; 78/1; 78/2; 79/1; 79/2; 82/1; 95/1; 97/2; 102/1; 103/1; 104/1; 104/2; 124/1; 125/1; 125/2 • Saalburgmuseum/Priedemuth: 107/1; 108/1 • Saalburgmuseum/Reichwein: 46/1; 46/2; 47/1; 50/2; 65/1; 65/2 • Saltenberger: 89/1 • Schmidt: 75/1 • Stiftung Leonard von Matt: 70/1 • TZ-Infografik: 10/1; 62/1; 94/1; 105/1 • Walsh: 112/1; 113/1; 113/2; 114/1 • Zorn: 21/1; 22/1

S. 40: Grabstein des Schiffers Blussus. Landesmuseum Mainz, Kataloghandbuch zu den „Römischen Steindenkmälern", Band 1, Verlag Philipp von Zabern, 1998 • S. 49: Medizinisches Besteck. Aus: T. Fischer „Die Römer in Deutschland", Theiss-Verlag, Stuttgart • S. 50: Schröpfköpfe. Aus: T. Fischer „Die Römer in Deutschland", Theiss-Verlag, Stuttgart • S. 106: „Der Schwabensturm". Aus dem Katalog-Handbuch zur Landesausstellung „Die Römer zwischen Alpen und Nordmeer" des Freistaats Bayern, Archäologische Staatssammlung München, Mainz 2000 • S. 107: Filtzinger, Burgus von Ladenburg. Aus: „Die Römer in Baden-Württemberg", Aalen 1976.